夢中如是我聞 3

해와 달이 빛나면 어둠은 없다

머리말

1991년에 묘법연화경을 처음 만난 이래 나름대로 묘법연화경을 홍포하고자 1996년부터 1999년까지 꿈에서 나는 이와 같이 들었다 즉 몽중여시아문夢中如是我聞을 총서叢書로 발간하였습니다. 이 총서는 묘법연화경을 아직 알지 못하는 일반인들을 법화문으로 이끌기 위한 목적으로 집필하였으며 따라서 일종의 방편 법문이라 하겠습니다. 꿈에서 나는 이와 같이 들었다는 일상생활에 관련된 이야기로 시작하여 권을 거듭할수록 점차 묘법에 대한 이야기들을 본격적으로 수록하여 관심이 생긴 분들로 하여금 스스로 법화문에 들어오도록 의도하였습니다만 몇 가지 문제가 있어 오래 전에 절판하였습니다.

묘법연화경을 접한 이래 당시 시중에서 유통되던 국역 묘법연화경들을 독송하며 살펴보노라니 의미 전달에 미심쩍은 대목들이 많아 과연 제대로 된 번역인지 짐작하기 어려웠습니다. 경전을 이해 못하는 것이야 제가 무지한 탓이겠지만 주어가 뭔지 이어지는 문장이 어찌 연결되는지 등등 도무지 한글 문장을 해석하기가 어려우니 이것은 아무래도 번역의 문제라 해야겠지요.

다행히 1999년 경 케른(Kern, 1884)의 영역본 묘법연화경을 인터넷에서 구한 덕에 틈틈이 읽어 보니 구마라지바鳩摩羅什의 한역본과 내용이 사뭇 달라 더욱 헷갈렸습니다. 그러다가 차제에 내가 직접 번역해보는 것이 낫지 않겠는가 하는 생각이 떠올라 이런저런 일을 하며 먹고 살기 바쁜 와중에도 내친 김에 일단 익숙한 한역본이 제대로 된 번역이라 간주하고 몇 년에 걸쳐 짬이 나는 대로 한역본을 번역하여 2008년에 출간하였습니다. 그러나 여전히 이해 못할 대목이 많아 고심하다가 마침내 케른의 영역본까지 번역하자고 결심하였습니다. 번역하면서 알게 되었지만 구마라지바의 한역본에 비해 케른의 영역본은 산스크리트어본을 제대로 직역한 역작으로 정평이 난 번역이었던 까닭에 그로부터 5년 만에 나름대로 만족할 만한 번역이라 자평하는 묘법연화경 국역본이 2012년에 나오게 되었습니다. 다시 몇 년 간 산스크리트어와 씨름하면서 가급적 케른의 번역을 따르되 기존 산스크리트어본에 나온 문구를 반영하여 몇몇 구절들을 수정한 개정본을 2016년 가을에 완성하였습니다.

또한 지난 2012년부터 2016년까지 묘법연화경의 가르침을 나름대로 풀이한 법화신행法華信行 총서 열두 권을 펴냈습니다. 스스로 생각하건대 법화신행이 있으니 꿈에서 나는 이와 같이 들었다는 더 이상 필요 없게 되었다고 스스로 만족하던 차에 의외로 이미 절판한 꿈에서 나는 이와 같이 들었다를 다시금 찾는 분들이 제법 있음을 알게 되어 전체적으로 첨삭하여 이제 몽중여시아문이란 이름으로 재간하게 되었습니다.

꿈에서 나는 이와 같이 들었다를 절판한 이유 중 하나를 꼽자면 예전에 총서에 인용한 묘법연화경이 지나친 의역이 많은 구마라지바의 한역본을 기초로 하였기 때문입니다. 따라서 아무리 묘법연화경을 홍포하려고 지은 책이지만 굳이 그렇게 번역한 경문을 삽입한 책을 유지할 필요가 없다고 생각하였습니다. 또 다른 이유는 케른의 영역본을 국역한 결과 동양권에 널리 보급된 천태대사 지의智顗의 해석을 더 이상 완전히 신뢰하기 어렵게 되었기 때문입니다. 천태대사는 구마라지바의 한역본에 의거하여 묘법연화경 28품을 적문迹門과 본문本門으로 구분하여 해설하였지만 기실 산스크리트 원전을 보면 모두 27품일 뿐더러 수록된 품들의 순서도 조금 다릅니다. 심지어 초목품이나 관세음보문품 같은 경우에는 구마라지바가 아예 번역하지 않은 내용도 있습니다. 그리고 석가모니 본신불이 출현하고 사갈라 용왕의 딸이 즉신성불하는 견탑품을 적문에 배치함은 도무지 이해하기 어렵습니다. 제가 최초로 묘법연화경을 접한 당시에는 다른 이들처럼 저 역시 천태대사의 해석을 무조건 받아들이고 신행하였습니다만 삼매에 들어 겪은 제 경험에 비추어 보건대 또 케른의 영역본에 비추어 보건대 그것이 다 옳다고 수긍하기가 어려워졌습니다. 그런데 꿈에서 나는 이와 같이 들었다는 상당 부분 천태대사의 해석을 기초로 집필하였기에 더 이상 그러한 해석을 좇을 까닭이 없어졌기 때문입니다.

그래서 2012년에 국역본을 출간한 후 인연자들의 이해를 돕고자 천태대사와 달리 묘법연화경 27품을 분신편分身篇과 본신편本身篇으로 나누어 해설한 법화신행을 저술한 것입니다.

저는 묘법연화경을 분신십품과 본신십칠품으로 나눕니다. 석가모니 분신불이 설한 분신편의 핵심 교의는 유일불승唯一佛乘 묘법이요 석가모니 본신불이 설한 본신편의 핵심 교의는 여래상주如來常住 묘법입니다. 유일불승이란 '부처가 되는 수레는 오직 하나'라는 뜻이며 그 수레는 당연히 묘법연화경입니다. 또 여래상주란 '부처님은 항상 여기 머문다'는 뜻인데 간단히 말해 부처님의 영원불멸永遠不滅을 지칭합니다. 천태대사는 묘법연화경을 본적이문本迹二門으로 구분하나 적迹이란 용어는 천태대사의 창작일 뿐 본시 경전에 나오지 않는 말입니다. 이러한 까닭에 저는 경전에 나오는 용어인 본신本身과 분신分身을 기준으로 묘법연화경을 본신묘법과 분신묘법으로 새로이 구분한 것입니다.

따라서 이번에 재간하는 몽중여시아문은 그러한 부분들을 모두 바로 잡아 재편집한 결과입니다. 꿈에서 나는 이와 같이 들었다에서는 꿈에서 만난 도사님의 말씀을 받아 일반인들의 상식과 고정 관념을 깨고 자극하고자 또 몸이 아니라 마음이 우선임을 강조하고자 당시의 사회 상황을 반영하여 온갖 주제에 대해 다소 거칠고 강한 어조로 글을 썼지만 그로부터 이십여 년이 지난 현 시점에서 불필요하다고 생각하는 몇몇 글들은 삭제하였습니다. 이십 여년 전의 미숙한 저작이기는 하나 아직 나름대로 쓸모가 있다니 다행으로 생각합니다. 모쪼록 몽중여시아문에 이어 법화신행까지 독파하시어 영원토록 즐거운 법화문의 세계로 들어오시기를 간절히 기원합니다.

愚仁 合掌

夢中如是我聞　**3**

해와 달이 빛나면 어둠은 없다

愚仁

들어가면서

불교의 존재 목적은 일체 중생의 성불에 있다. 이것이 바로 석가모니 부처님께서 사바세계에 출현하여 불법을 펴신 진정한 이유다. 석가모니 부처님께서 사바세계에 굳이 하열한 인간의 몸을 받아 나오셨을진대 중생을 위하여 성불 방법을 설하시지 않았을 리가 없다.

그렇다면 석가모니 부처님께서 중생을 성불시키기 위하여 마련한 최상승 대법은 무엇인가? 그것은 바로 묘법연화경이다! 묘법연화경을 만나지 못한다면 성불은 없다.

묘법연화경을 설하기 이전에 베푼 수많은 방편법들은 그 모두가 하근기 중생을 정상에 올라오도록 마련한 사다리에 불과하며 이 사다리의 정상에 묘법연화경이 존재한다. 이를 알지 못하고 보지 못하는 불법이 있다면 그것은 정법이 아니라 사법일 뿐이다. 부처님께서 중생을 교화하는 목적이 기껏 중생을 아라한이나 벽지불 수준으로 이끌기 위함은 아니다. 일불승一佛乘을 모르는 소승법으로는 절대 성취하지 못한다.

묘법연화경은 삼세三世 즉 과거 현재 미래를 통틀어 일체 부처님들의 출세본회설出世本懷說인지라 오로지 묘법연화경 하나만이 일체 중생을 성불케 한다.

그러나 묘법연화경의 문門은 단단하고 깊은지라 오직 믿음으로 들어갈 뿐 우리의 어줍은 알음알이로 들어가지 못한다. 생멸生滅하고 분별分別하는 중생심을 떠나지 못하는 한 성도成道는 절대 못한다.

묘법연화경의 위대한 점은 설사 번뇌심으로 **나무묘법연화경**을 독송하더라도 바로 성불에 이른다는데 있다. 굳이 힘든 수행을 할 필요도 없고 애써 선정에 들어갈 필요도 없다. 일반 불법에서는 몸과 마음을 닦아 번뇌를 없애라고 가르치지만 그렇게 하여 도달하는 수준은 매우 낮으며 현재 말법시대에는 그나마 그렇게 닦을 만한 근기조차 없다.

원래 도道는 오로지 중생심을 떠난 실상지實相智를 증득한 단계에서만 전달 가능하다. 하지만 참선 등을 통한 자력수행만으로 실상지를 얻기란 특히 말법시대 중생의 근기로는 거의 불가능하다. 그렇기 때문에 이 시대의 중생이 속히 성도하는 유일한 방법은 묘법연화경의 위신력威信力을 그저 믿고 따르는 것 하나

밖에 없다.

그렇다 해서 각 개인의 종교나 사상 등을 버리라는 것이 아니다. 새삼스레 불교에 귀의하라는 것도 아니다. 더군다나 묘법연화경의 내용이 무엇인지는 아예 알 필요도 없다. 아무런 의심 없이 그저 **나무묘법연화경**이라고 한마디만 하면 된다.

이렇게 쉬운 방법이 있음에도 불구하고 정작 이를 받는 사람은 찾기 어려우니 참으로 안타깝다. 만일 부처님의 약속은 반드시 지켜진다는 사실을 확신하고 묘법연화경을 한 번에 믿고 받는 사람이 있다면 그 사람은 곧 말법시대의 어둠을 밝히는 해와 달 같은 존재이리니 부처님이 경전에 밝혀 놓았듯 이 사람은 오탁악세의 중생을 연민하여 과거세에 증득한 청정법상淸淨法想을 스스로 버리고 인간으로 화현한 불보살임에 틀림없으리라.

그러나 현시대에 이러한 말을 믿고 단번에 묘법연화경을 믿고 따를 만한 최상승 근기가 과연 한 사람이라도 존재할까? 아마 없으리라.

따라서 감히 말하거니와 이 책에서 설파하는 묘법연화경의 가르침과 위신력에 대한 모든 내용은 그 없는 사람을 위한 것이다. 즉 알아듣는 사람이 어느 계界에 존재하든 오직 그를 위한 것이지 알아듣지 못하는 사람들을 위한 것이 아니며 동시에 이 책은 묘법연화경을 받아 지니고 믿고 따르고 읽으며 또 **나무묘법연화경**을 독송하며 나아가는 최상승 근기들을 위한 것이지 인연이 없는 일반 중생을 위한 것이 아니다.

그렇기 때문에 이 책은 가장 열심히 수행하려는 사람 특히 마음을 비우고 실상지에 들어 수행할 사람들이 보아야 하리라. 이런 면에서 현생에서 바로 성불을 원하는 보살이 이 책을 읽기를 간절히 바란다.

혹여 인연이 닿는 수행자가 있다면 부디 이 책의 의도를 오해하지 말지니 묘법연화경 외에 여타 경전을 부정하는 것도 아니요 묘법연화경 외에 다른 모든 수행법이 틀렸다는 것은 더욱 아니다. 다만 그 자리에서 눈을 더 크게 뜨고 폭넓게 보면 속히 올라오는 길이 바로 보이리라.

이 책에서 밝힌 모든 사실들은 기실 나의 우둔한 머리로 안 것이 아니다. 이 모두는 어느 날 밤 꿈에서 도사님께 들은 것이다. 그러나 어떠한 착오가 하나라도 있다면 그 모두는 내가 불민不敏한 탓이리니.

1997년 11월

차 례

노자를 다시 본다

막힌 법은 뚫고 통하는 법은 넓혀라

부처를 이루지 못하는 불법은 사법이다

불법佛法은 부처가 되는 길이다. 따라서 불법을 직신직행直信直行하면 누구나 속히 부처가 되는 바른 길로 들어선다. 그러나 만약 정법正法이라도 미혹하여 믿은 탓에 평생 갈고 닦아도 여전히 성불과 거리가 멀다면 그것은 정법이 아닌 사법邪法에 불과하리라.

부처님께서 설하신 일체 모든 법은 어느 것이나 다 중생을 성불로 이끈다. 소승법小乘法이든 방편법方便法이든 다 마찬가지다.

그런데 부처님의 진실한 법을 누가 사법으로 만드는가? 이는 부처님의 근본 가르침을 곡해曲解하는 수행자들이다.

불법에는 단계가 있다. 가르침의 수준은 대상에 따라 같지 않다. 그런데 대부분의 수행자들은 가르침의 수준과 자신의 위치를 알지 못하기에 불법을 사법으로 전락시킨다.

예를 들어 유치원에서 칠판에 '아빠 엄마'를 써 놓고 따라 읽기를 가르친다고 하자. 물론 유치원생이 이를 잘 따라 읽으면 선생님이 잘했다고 칭찬한다. 그런데 대학생이 하나 있어 몇 년간 대학 수업을 잘 받다가 갑자기 논문 쓸 생각은 않고 유치원에서 '아빠 엄마'를 따라 읽는 광경이 아주 안락해 보이고 또 칭찬 받는 유치원생이 부러워 대학 공부를 때려치우고 유치원에 가겠다면 이보다 더한 멍청이짓은 없을 것이다.

마찬가지로 화엄華嚴 공부를 착실히 하다 말고 난데없이 위파사나가 좋아 보여 화엄 공부를 때려치우고 위파사나를 수행하겠다고 덤비는 수행자가 있다면 이는 자신의 현재 위치도 나아갈 방향도 모르는 소치다. 이런 식으로 수행하면 똥오줌 가리지 못하고 평생 헤매다 만다.

이렇게 되는 이유는 무엇보다 수행자 자신이 하근기下根機라 부처님께서 설하신 법의 의도를 알지 못하기에 불법 자체를 이해하지 못함이 첫째요 가르치는 사람 또한 스스로 얻지 못하고 남을 가르침이 그 둘째다.

부처님께서 중생의 근기에 맞추어 설한 법을 중생심衆生心으로는 판별하고 이해하지 못한다. 그렇기 때문에 부처님의 법을 직신직행하려는 마음 자세가 절실히 필요하다.

묘법연화경 초목품草木品에 나오는 다음 대목을 보라.

가섭이여 여래가 설한 바 법을 들은 중생이 법을 마음에 지니고 수행修行할지라도 이와 같은 것을 스스로 알거나 깨닫거나 헤아리지는 못하느니라. 왜냐하면 오직 여래만이 이 중생의 본체本體와 성품性品과 종류種類를 여실히 알거니와 중생이 무엇을 기억하고 어떻게 기억하고 무엇으로 인하여 기억하며 또 중생이 무엇을 생각하고 어떻게 생각하고 무엇으로 인하여 생각하며 또 중생이 무엇을 이루고 어떻게 이루고 무엇으로 인하여 이루는지 알기 때문이니라. 가섭이여 여래를 제외하면 그 누구도 일체를 통찰洞察하지 못하나니 마치 풀과 수풀과 약초와 나무들의 상중하가 다른 것처럼 저마다 다른 저 중생의 경지境地를 누구도 바로 보지 못하느니라. 가섭이여 여래는 다만 진수가 하나인 법을 아나니 이른바 그 진수는 해탈이요 항상 안락安樂하여 열반涅槃으로 마치는 법이요 적멸법寂滅法이요 오직 경지가 하나인 공법空法이니라. 여래는 이를 알건만 일체 중생의 근기를 헤아리는 까닭에 돌연突然히 중생에게 일체지자의 일체지를 드러내지 않느니라.

가섭이여 그대는 여래가 설한 바 묘법을 가늠하지 못함에 놀라지 말지니 왜냐하면 가섭이여 모든 여래들께서 설하시는 바 묘법은 이해하기 어려운 까닭이니라.

부처님께서 삼승三乘으로 나누어 설하신 방편법은 막힌 법과 통하는 법의 둘로 나눌 수 있다. 방편법의 근본 목적은 하근기들

19

을 일불승―佛乘으로 즉 성불로 인도하기 위한 사다리니 막힌 방편법이란 일불승으로 직접 연결되지 않는 법을 말함이요 통하는 방편법이란 일불승과 연결 고리가 있는 법이다.

그런데 부처님께서 굳이 막힌 법을 제시한 이유는 막았기 때문에 너희 힘으로 깨뜨리고 터뜨려 보라는 것이다.

예를 들어 사제법四諦法에서 고제苦諦와 집제集諦는 막힌 법이며 멸제滅諦의 일부와 도제道諦는 통하는 법이다. 그런데 고집苦集이라 하여 단지 인생 모든 것이 고통이고 고통의 원인이라는 것이 아니다. 부처님께서 고苦를 설한 이유는 고에 매이지 말고 고를 털고 나오라는 것이다.

계戒에도 이런 면이 있다. 살생하지 말라는 계 역시 막힌 법이다. 따라서 살생하지 말라는 계에 매달리는 것도 불법을 망칠 수 있다. 다만 이 책을 굳이 읽는 이들 중에 그럴 사람은 없으리라 짐작하지만 이런 말들을 잘못 이해하고 '살생해도 되는구나'라는 식의 엉뚱한 생각은 말라.

여기서 강조하는 것은 부처님의 근본 가르침을 제대로 알지 못하고 선가禪家 등에서 말하는 문구나 말에 매여 거기서 헤어나지 못함을 지적하는 것이다.

여하튼 막힌 법은 깨뜨려 튀어나와야 하는데 만일 튀어나오지 못하는 방편법을 수행한다면 이는 부처님의 본래 의도를 왜곡하는 결과로서 바로 외도요 사도가 된다. 그러하기에 막힌 법은 통하도록 하고 통하는 법은 그대로 더 잘 통하게 하는 것이 부처님께서 설하신 방편법 전반에 걸쳐 내포된 사상의 요체다.

이런 면에서 어느 방편법이 좋고 어느 방편법이 나쁘다는 식으로는 절대 판단하지 못한다. 어떤 경을 또 어떤 법을 어떻게 수행하든 부처님께서 지시한 대로 수행하면 자연스레 막힌 법은 통하게 되고 이미 통하는 법은 더 잘 통하게 되는 가르침이 불법이다. 그런데 여기에 나름대로 사족蛇足을 붙이고 자기 수준에서 해석을 가하여 머물게 되면 아무리 훌륭한 불법이라도 즉시 사법이 되며 안타깝게도 세간의 일반 불교는 거의 이 수준에서 헤어나지 못하고 있다.

인생은 고苦라는 가르침은 인생이 고라는 사실을 깨닫고 올라오라는 말인데 오히려 고에만 딱 매달려 그 이상 한 발자국도 더 나아가지 않고 오직 거기서만 맴돌고 헤매니 이는 부처님의 원뜻과 어긋나는 행위다.

부처님께서 중생 스스로 고를 터득케 하려고 여러 가지 관법觀法과 호흡법呼吸法을 제시하였건만 이를 덜 터득한 사람이 항상 문제로서 고를 넘어 올라가기는커녕 인생은 무상無常한 것이니 어쩌고저쩌고하며 도리어 꺼져 들어간다. 그리하여 자신은 물론 주위 사람들까지 망가뜨린다. 그러하기에 만일 이렇게 가르치는 불법이 있다면 이는 망할 불법이며 사도다.

그런데 고를 다하면 과연 완전히 해탈解脫하는 것인가? 이렇게 하여 얻은 해탈을 성불이라 할 수 있는가? 아니다! 전혀 그렇지 않다.

묘법연화경 비유품譬喩品에서 부처님은 다음과 같이 이른다.

만약 이 세상 중생이
하열下劣하고 비천卑賤한 욕락欲樂을 즐기면
그때 항상 진실眞實을 설하는 세존은
제일제第一諦로서 고제苦諦를 설하거니와
어리석고 둔해 저 고苦의 근본根本
알지 못하는 이들에게는
도道를 드러내며 이르되 각성覺醒할지니
탐욕貪欲이 고의 근본이니라 하느니라
항상 집착 말고 욕망을 멸해야 하나니
이것이 바로 나의 제삼제第三諦인 멸제滅諦이니라
이는 결코 의심할 바 없는
중생 제도의 방편이니
이를 수행하면 누구나 해탈케 되는 까닭이니라
그러나 사리불이여
저들이 무엇에서 해탈하였는가

저들은 다만 허망虛妄에서 해탈하였을 뿐
기실 일체를 여의지는 못하였기에
여래는 저들이 아직 이 세상에서
구경 적멸에 이르지 못했노라 선언宣言하노니
어찌하여 나는 최정각에 이르기 전에는
멸도라 선언하지 않는가
왜냐하면 내 뜻이 바로 그러한 까닭이거니와
나는 법왕法王으로서
중생을 더없이 안락케 하고자
이 세상에 태어났기 때문이니라

불법은 어느 것이든 적극적인 인생을 유도하며 궁극적으로 수행자를 성불의 길로 인도한다. 이처럼 사람을 진화進化시키지 못하는 법은 불법이라 하지 못한다. 기실 부처님께서 설하신 어떠한 법이든 전부 일불승으로 통하는 구멍이 나 있는데 이를 보지 못하고 이 통로를 막는 행위는 전부 사도다.

그런데 세간의 불법에서는 속히 부처가 되는 길을 찾지 않고 평생 수행한다면서 기껏해야 귀신이나 하늘이나 아라한 위치에 오르는 정도로 수행을 마치려 하니 정말로 이렇다면 이는 불법을 사도로 전락시키는 행위다.

즉 일체 중생을 모두 성불시키려는 부처의 목적과 어긋나는 수행은 모조리 사도일 수밖에 없다.

조도품 아래는 불법이 아니다

성불에 이르는 수행 과정을 다음과 같이 이른다.

대승행법大乘行法은 이사십위체以四心爲體하고 육도위용六度爲用이
며 도품위조道品爲助하여 성불과成佛果가 되느니라.

즉 대승大乘을 수행하려면 사무량심四無量心을 체體로, 육도六度 즉
육바라밀六波羅密을 용用으로 하고 도품道品으로 도와 성불과成佛果
를 얻는다는 의미다.

사무량심은 자비희사慈悲喜捨의 네 가지 무량심이요 육바라밀은
보시布施 지계持戒 인욕忍辱 정진精進 선정禪定 지혜智慧로써 이 두
가지 덕목이 보살로서 부처를 이루는 수행법이다. 기실 수행하
지 않고도 바로 부처를 이룰 수 있다면 가장 좋겠으나 그러기
가 쉽지 않기에 보살들은 사무량심을 체體로, 육바라밀을 용用
으로 삼아 성불에 이른다.

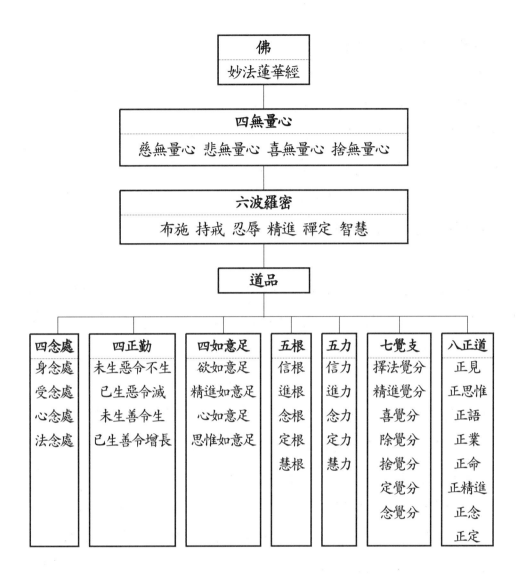

이런 면에서 사무량심과 육바라밀은 불도佛道가 아닌 보살도菩薩道로서 부처가 되기 위한 방편법이지만 그래도 보살도는 불도에 이르는 실법實法이라 하겠다.

그런데 보살도 아닌 중생의 입장에서 갑자기 사무량심과 육바라밀을 행하기는 어렵다.

따라서 사무량심과 육바라밀 수행을 돕는 서른일곱 가지의 도품道品이 있는 바 이를 일러 삼십칠조도품三十七助道品이라 하며 여기에는 사념처四念處 사정근四正勤 사여의족四如意足 오근五根 오력五力 칠각지七覺支 팔정도八正道가 있다. 삼십칠도품에 대해서는 잡아함경雜阿含經에 자세한 설명이 나온다.

묘법연화경 본사품本事品에도 묘장엄왕의 두 아들이 삼십칠도품을 성취하고 보살도 즉 자비희사와 육바라밀을 닦았다는 이야기가 나온다.

선남자들이여 운뢰음수왕화지 여래의 불법 중에 왕이 있었으니 이름은 묘장엄妙莊嚴이더니라. 저 묘장엄왕의 부인夫人은 이름이 정덕淨德이며 두 아들을 두었으니 첫째는 정장淨藏이요 둘째는 정안淨眼이었느니라. 이 두 아들은 신통력과 지혜를 갖추고 **보살도를 닦았으니 즉 보시 지계 인욕 정진 선정 지혜 방편 바라밀들을 구족하였고 자비희사와 삼십칠도품三十七道品을 성취하였느니라.**

이러한 삼십칠조도품은 보살의 수행법인 사무량심과 육바라밀을 얻기 위한 방편법이니 부처의 위位를 기준으로 한다면 삼십칠조도품 전부는 불도佛道를 이루기 위한 방편의 방편에 해당한다. 그리고 삼십칠조도품까지가 진정한 불법이요 그 아래는 차마 불법이라고 말을 붙이기도 어렵다.

그러나 삼십칠조도품 중 어느 하나라도 닦겠다는 생각만 일으켜도 현성賢聖이라 하니 범인凡人으로서는 조도품조차 직접 닦기 어렵다.

그래서 조도품을 닦기 위한 방편 수행법들이 등장하며 일반적인 불법들은 대부분 여기에 머물러 있다. 또 이런 면에서 보아 기독교는 불교의 한 유파流派라 할 수 있으며 도품을 닦기 위한 하등 방편 과정이라 하겠다.

예컨대 사제법四諦法은 조도품의 하나인 사념처四念處를 닦기 위한 방편 수행법이니 이는 조도품의 방편법으로서 불도를 기준으로 하면 방편의 방편의 방편법이다.

하지만 사제법조차 증득하기 어려운 근기에게는 사제법을 닦기 위한 관심법觀心法이 있으니 이는 방편의 방편의 방편의 방편법이라 하겠으며 또 관심법을 위한 호흡법呼吸法이나 관법觀法을 들먹이면 이는 방편의 방편의 방편의 방편의 방편법에 해당한다. 원효元曉의 삼세육추론三細六麤論도 사제법을 닦기 위한 한 가지 방법이다.

그런데 만약 부처님의 호흡법이나 관법 수행조차 그대로 따를 만한 근기가 아니어서 다시 뒷사람이 변형한 가르침을 따른다면 이는 방편의 방편의 방편의 방편의 … 방편의 방편의 방편의 방편의 방편 가르침을 좇는 것이다. 그러나 뒷사람이 변형한 가르침이라도 방편바라밀方便波羅蜜을 증득한 존재가 제시한 방편법을 따르는 것은 그래도 나은 편이다. 만일 알지도 못하는 스님들이 멋대로 갖다 붙인 것을 따른다면 이는 도대체가 불법 수행이 아니며 단지 사도행邪道行을 하는 것이다.

이러니 한탄이 절로 나온다.

이래서야 도대체 어느 세월에 맑은 하늘을 보겠다는 말이냐?

도대체 어느 세월에 이 짓만 하겠다는 거냐?

그나마 이런 수행이라도 해서 조금이라도 전진한다면 다행이겠지만 더 높은 곳을 보지 못하고 방편의 방편의 방편의 방편의 … 방편의 방편의 방편의 방편의 방편 수행에 매이면 수행을 하면 할수록 걷잡지 못할 미혹에 빠진다.

예를 들어 생로병사는 본래 없는 것인데 이를 있다고 믿고 오직 이를 제除하려고만 하는 가르침은 불교가 아니다. 그럼에도 불구하고 태어나고 늙고 병들고 죽는 것을 현상으로만 이해하는 한 아무리 수행해봐야 꽉 막힌 방편법에서 한 치도 더 나아가지 못한다.

또 이런 면에서 알쏭달쏭한 조사祖師들의 어록을 아무리 공부해 봐야 헛수고가 될 뿐이다. 조사들은 어디에서 깨달음을 얻었는 가? 당연히 불법 안에서 깨친 것이다. 조사들의 깨침의 근원은 불경에 있다. 따라서 조사들의 깨침에 다소라도 근접하고 싶다 면 그 지름길은 당연히 부처님 말씀에서 찾아야 한다.

부처님의 방편법에 잘못된 것은 없다. 훌륭한 몇몇 조사들의 깨침과 가르침에도 의혹은 전혀 없다. 그러나 여기에 한계를 긋고 매달리는 행위는 마땅히 탄핵彈劾받아야 한다.

부처佛란 사람人이 아님不이니 불심佛心은 불심不心이라 하겠다. 곧 마음 아닌 것이 부처의 마음인데 이를 모르고 생멸심生滅心 과 분별심分別心으로 대표되는 중생심衆生心에서 모든 것을 판단 하려 하니 불도를 속히 이루지 못하는 것이다.

석가모니는 인간이 아니다

수행자들이 불법을 망치는 가장 큰 이유는 석가모니 부처님을 자신들과 동일한 인간으로 생각하는데 있다. 불교라는 이름만 훔쳐 나머지 모든 것은 인간 석가모니 부처에서 출발하기에 앞뒤가 어긋나는 것이다.

정말로 석가모니 부처가 인간이라면 한 인간이 같은 인간들에게 설한 말들이 무어 그리 대수롭겠는가? 석가도 똥오줌 싸고 나도 똥오줌 싸니 그도 인간이요 나도 인간이니 차이가 있을 턱이 없다. 따라서 석가모니 부처님께서 무슨 말을 했든 무슨 행을 보였든 나 역시 할 수 있다고 생각하니 불교의 존재 가치가 없어지는 것이다.

또 단지 석가모니는 보통 사람들보다 약간 뛰어난 사람이라서 내 소견으로는 알 듯 모를 듯한 말을 했지만 나도 열심히 공부하면 석가만큼 될 수 있다는 식으로 생각하니 이로써 결국 석가모니 부처님의 말을 자기 수준에서 파악하는 우매한 짓을 하게 되는 것이다.

앞서도 언급했지만 부처는 인간이 아니다. 껍데기가 인간으로 보일지라도 부처는 인간이 아니다.

덧붙여 종교宗敎의 종宗은 마루 종으로서 가장 높고 큰 가르침이 종교다. 그러하기에 종교에는 이의를 달지 못한다. 이의를 달고 왈가왈부曰可曰否할 수 있다면 이미 종교가 아니다.

그리고 불교가 종교 중 으뜸일진대 불교에 귀의했다는 불자로서 부처님의 말씀을 믿지 못한다면 말이 되겠는가?

이러한 모든 짓은 인간들의 전도顚倒된 사고방식에서 출발한다. 합리적이라는 미명하에 '왜?'를 남발하니 자꾸 군소리가 늘어나고 자신의 수행조차 믿지 못하는 것이다.

성문聲聞은 말과 글을 듣고 읽어 깨치는 존재다. 하지만 언어로는 사안을 충분히 설명하지 못한다. 그리고 언어로 전달된 사안을 인간의 머리로 이해하는데는 한계가 있다. 이런 까닭에 부처님께서 묘법연화경 방편품에서 성문들의 열반은 단지 허망을 여읜 것일 뿐 참된 멸도가 아니라는 것이다.

말과 글의 더욱 큰 폐단은 말과 글이 원래부터 본심과 반대되는 표현을 위한 도구라는 점에 있다. 예를 들어 두 사람이 정말로 서로 사랑한다면 굳이 사랑한다는 말을 할 것도 없다. 말하지 않아도 같이 있으면 편안하다. 그러나 이걸 믿지 못하기에 서로 사랑한다는 말을 요구하고 사랑한다는 표현을 바란다. 드러난 말로써 사랑을 확인코자 하나 몇천 번을 거듭 들어도 상대방이 정말로 자기를 사랑하는지 심지어 자신이 상대방을 사랑하는지조차 알지 못한다.

마찬가지로 부처님의 말씀을, 부처님의 약속을 믿는 이라면 조금도 군소리하지 않는다. 부처님에 대한 믿음이 떨어진 자들이 항상 의심을 품고 시끄러운 법이다.

기실 부처님의 약속은 반드시 지켜진다는 사실을 굳건히 믿고 따르는 사람이 있다면 그 사람은 이 책에서 언급하는 묘법연화경에 대한 내용을 제외한 나머지 부분을 구태여 읽을 필요도 없다. 또한 필자 역시 부처님의 설을 대중에게 어떻게든 납득시켜 보려는 이러한 구차한 노력을 애써 할 필요도 없었을 것이다. 그러나 이런 이들을 찾아보기가 매우 힘들기에 이와 같이 중언부언重言復言하는 것이다.

여하튼 모든 개체는 언제나 자기 수준을 모르면서 자기 식대로 표현하고 받아들이고 이해하기에 크나큰 오류를 범한다.

몽중여시아문에서 자주 거론하는 천태지자天台智者는 법화삼매法華

三昧에 들어 묘법연화경의 오의奧義를 깨친 분이다. 그리고 천태지자가 남긴 법화현의法華玄義를 비롯하여 고려 초기의 승려 제관諦觀이 정리한 천태사교의天台四教儀 등의 교설教說이 중국 한국 일본 등에서 획기적 불교 발전의 기초를 이룬 과거가 있음에도 작금에는 불자로서 천태지자의 이름도 들어 보지 못한 사람들이 태반이다.

그리고 천태지자의 교설을 얘기하려 하면 기껏 나오는 반응이 '천태대사도 사람인데 어째서 그 사람 말만 맞다고 하느냐? 전체 부처님의 지혜에 비하면 천태지자란 존재는 태산의 모래알밖에 더 되겠느냐?'는 식으로 폄하貶下하기만 한다.

그런 말을 하는 사람의 수준에서 보자면 틀린 말은 아니기에 그런 식의 반응에 대하여 굳이 부인하거나 반박하고 싶지는 않다. 그러나 어떤 면에서 소위 깨치게 되면 그 부처가 그 부처인데 이를 알지 못하고 항상 자기와 같은 인간으로만 보는 데서 문제가 생긴다는 점을 알아야 한다. 쉽게 말하자면 자기 수준에서 천태지자를 평가하는 것이다. 즉 천태지자가 자기와 같은 소견所見으로 이것 보고 저것 참고하여 법화현의 등을 저술했다는 것이다.

전에 몽중여시아문 1권의 초두初頭에서 시간이 존재하지 않는다고 했는데 바로 이 사실을 깨달아야 비로소 모든 사람이 부처고 모든 사람이 석가모니불釋迦牟尼佛 아미타불阿彌陀佛 또 비로자나불毘盧遮那佛 등과 똑같은 존재임을 알게 된다. 그리고 이것이 결국 실상實相이다. 이렇게 실상을 증득하지 못한 사람은 천 명의 석가釋迦, 만 명의 달마達磨가 와도 그 사람을 깨우치게 하지 못한다.

시간이 흐르지 않는 것을 아는 사람은 예를 들어 지금부터 무량 진묵겁塵墨劫 전의 아미타불을 지금 즉시 만날 수 있고 또 그 소리를 생생히 들을 수 있다. 또한 아직 생기지도 않은 미래불未來佛을 만나 보고 같이 이야기할 수도 있다. 그러나 이런 사실을 생멸하는 중생 견해로 보면 도시 납득이 되지 않는 소리기에 말하는 사람을 당장 미친 놈, 신들린 놈, 무당이라 할 것이며 아예 가도 영 간 사람으로 취급할 것이 자명하다. 사정이 이러하니 석가모니 부처님도 이런저런 얘기를 다 하고 싶지만 도리어 사람들이 오해할까 두려워 차마 직접적인 얘기들을 못하고 분신불分身佛의 입장에서 하열한 사람의 몸을 받아 나와 불법을 펴기 시작한 것이다. 왜? 도대체 알아먹지 못하니까 하나하나 보여주기 위해서다.

석가모니 부처님께서 성도한 직후 화엄華嚴을 설한 결과 상승 근기들은 한 번 듣고 바로 깨쳤지만 화엄경華嚴經 입법계품入法界品에 나오듯 모든 성문들도 그 자리에 있었지만 이들은 귀머거리 같았고 벙어리 같았다고 하니 소위 깨달았다는 성문들로서도 부처님의 직접적인 화엄의 가르침을 수용할 만한 근기가 못되는 것이다.

그리하여 석가모니 부처님은 몸도 있고 마음도 있다는데서 출발하는 아함阿含을 설하며 호흡 위파사나 관법 등을 가르쳐 몸이 공空함을 알게 하는 식으로 가르침의 단계를 점점 더 올리지만 이러한 부처님의 취지를 이해하지 못하는 일반 불법에서 제시하는 수행법들의 거의 전부는 석가모니를 인간으로 착각하고 있기에 부처님을 믿지 못하고 오로지 자력수행自力修行으로 일관한다.

구원실성久遠實成한 석가모니 본신불本身佛의 존재를 밝히지 않는 가르침들은 전부 이런 오류에서 벗어나지 못한다.

석가모니를 인간으로 알고 불법을 수행하면 깨달아 봐야 똥통의 구더기요 조금 더 확철대오確徹大悟해봤자 병 속에 갇힌 곤충에 불과하다.

유마경維摩經 불국품佛國品을 보면 사리불舍利佛이 '부처님은 모든 공덕으로 장엄된 분인데 어째서 불국토인 사바세계가 평탄하지 않으며 깨끗지 못한가?' 하며 의혹을 품는다. 이를 아신 부처님은 사리불에게 '맹인이 해와 달을 보지 못하는 것이 맹인의 잘못이냐 해와 달의 잘못이냐?'고 묻는다. 그러고 나서 부처님께서는 신력神力으로 삼천대천세계三千大天世界를 깨끗하고 장엄한 불국토로 바꾸니 사리불이 비로소 불국토를 못 보는 것이 자신의 탓임을 알아챈다. 사리불은 생로병사를 다 떼고 해탈했다는 아라한이지만 아라한으로서도 제대로 볼 눈이 없는

35

것이다.

묘법연화경 여래수량품如來壽量品에도 마찬가지 내용의 게송이
있으니 다음을 보라.

증생이 보기에는 이 세계가 불타오를 때에도
내 불국토는 천天 인人들로 넘치고
모두 무수한 유행처遊行處와
궁전宮殿과 천공차天空車 등
갖가지로 즐거이 노닐며
또 이 국토는 갖가지 보배 더미와
꽃과 열매 풍성한 보배 나무들로 장엄되고
허공 높이 천자天子들은
온갖 악기 연주하며 만다라화 비 내려
나와 불도佛道 구하는 제자들과
아울러 다른 현자賢者들에게 흘느니라
이렇게 내 국토는 영원토록 여기 있건만
증생이 보기에는 이 세계가 불타고
근심 공포와 온갖 고뇌로 충만한 듯하느니라

이렇기 때문에 천태지자가 부연하기를 '제불諸佛은 증생의 아비
지옥阿鼻地獄을 상적광토常寂光土로 수용受用하나 증생은 제불의 상
적광토를 아비지옥으로 수용한다'는 것이다.

반야심경에서는 무엇을 가르치는가

반야심경般若心經의 핵심은 무엇인가? 흔히 말하듯 공空 사상을 가르치고 있다고 생각하는가? 물론 반야심경에서 공을 얘기하지 않는다는 것은 아니다.

하지만 초등학교 수준의 국어 실력만 가져도 능히 짐작할 사실이지만 반야심경에서 가르치려는 것은 가장 마지막에 나오는 주呪 즉 '아제아제揭諦揭諦 바라아제波羅揭諦 바라승아제波羅僧揭諦 모지사바하菩提薩婆訶'를 독송하면 무상정등정각無上正等正覺 즉 가장 높고 완전한 깨달음을 증득하리라는 것이다.

그런데도 반야심경의 내용을 직접적으로 설명하려 애쓰는 사람들이 많고 무슨 소리인지 안다고 우기는 사람들이 많으니 참으로 기이한 노릇이다. 일례로 공이란 비었음이며 없음인데 없는 것을 대체 무슨 수로 설명하겠다는 것이냐? 묘법연화경 초목품草木品에 다음과 같은 부처님 말씀이 나온다.

일체법은 평등하고 본래 공空하여
제각기 성품이 없기에
사량思量하여 알지 못하나니
공한 법을 누가 어찌 분별하겠는가
이를 이해하는 이는 큰 지혜인이라
마땅히 만법萬法에 통달하리라

설명하면 이미 틀린 것이다. 무슨 말을 갖다 붙이든 말하는 순간 이미 틀린 것이다.

반야심경을 다시 보자.

관자재보살觀自在菩薩이 깊은 지혜로 깨달음에 이르는 법을 닦을 적에 오온五蘊이 다 공空한 것을 비추어 보고 일체 고통과 액난厄難을 해탈하였느니라.

사리자舍利子여 색色은 공空과 다르지 않고 공은 색과 다르지 않아 색이 곧 공이요 공이 곧 색이니 수상행식受想行識도 또한 이러하니라.

사리자여 온갖 모든 것은 공空의 모습으로 나지도 않고 없어지지도 않으며 더럽지도 않고 깨끗지도 않으며 더하지도 않고 덜하지도 않느니라.

이러므로 공 가운데는 색도 없고 수상행식도 없으며 눈 귀 코 혀 몸 뜻도 없고 빛깔 소리 향기 맛 감촉 법의 모든 것이 없으며 눈으로 보는 것, 귀로 듣는 것, 코로 맡는 것, 혀로 맛보는 것, 몸으로 감촉하는 것, 뜻으로 분별하는 것도 없고 무명無明도 없고 무명이 다할 때도 없으며 생로병사도 없고 생로병사가 다할 때도 없으며 고제苦諦 집제集諦 멸제滅諦 도제道諦도 없고 지혜도 없고 증과證果도 없나니 얻을 바 없는 까닭이니라.

대보살大菩薩은 지혜로 깨달음에 이르는 법에 귀의하는 까닭에 마음에 걸리고 막히는 것이 없으며, 걸리고 막히는 것이 없는 까닭에 공포恐怖가 없나니 멀리 전도된 꿈같은 망상妄想을 여의고 열반涅槃을 궁구窮究하여 통달하느니라.

삼세三世 모든 부처님들도 지혜로 깨달음에 이르는 법에 귀의하신 까닭으로 가장 높고 완전한 깨달음을 얻으셨느니라.

마땅히 알라. 지혜로 깨달음에 이르는 법은 대신주大神呪요 대명주大明呪요 무상주無上呪요 무등등주無等等呪니 능히 일체 고통을 없애고 진실하여 허망치 않느니라. 곧 지혜로 깨달음에 이르는 법의 진언眞言을 설하리라.

아제아제 바라아제 바라승아제 모지사바하

觀自在菩薩行深般若波羅密多時　照見五蘊皆空度一切苦厄　舍利子色不異空空不異色色卽是空空卽是色受想行識亦復如是舍利子是諸法空相不生不滅不垢不淨不增不減.　是故空中無色無受想行識無眼耳鼻舌身意無色聲香味觸法無眼界乃至無意識界無無明亦無無明盡乃至無老死亦無老死盡無苦集滅道無智亦無得以無所得故.　菩提薩埵依般若波羅密多故心無罣礙無罣礙故無有恐怖遠離顚倒夢想究竟涅槃.　三世諸佛依般若波羅密多故得阿耨多羅三藐三菩提.　故知般若波羅密多是大神呪是大明呪是無上呪是無等等呪能除一切苦眞實不虛故說般若波羅密多呪卽說呪曰　揭諦揭諦　波羅揭諦　波羅僧揭諦　菩提薩婆訶.

결국 반야심경에서는 ‘아제아제 바라아제 바라승아제 모지사바하’라는 진언을 외우면 지혜로 깨달음에 이르도록 해 주겠다는 것이다.

이 점을 수긍하고 이해할 만한 사람이라면 **나무묘법연화경**을 독송하면 즉신성불卽身成佛한다는 말을 못 믿을 것도 없으리라.

불립문자란 경을 도외시하라는 것이 아니다

달마達磨에 의해 중국에 전해진 조사선祖師禪에서 노상 강조하는 문구 중 대표적인 것들이 아마도 불립문자不立文字 직지인심直指人心 교외별전教外別傳 견성성불見性成佛 등일 것이다.

그러나 불립문자 직지인심이라 하여 경전을 버리라는 것이 아니요 교외教外라 하여 부처님 가르침 밖이 아니며 견성見性이 완전한 성불은 아니다. 또한 우리나라 스님들이 대를 이어 매달리는 참선參禪이 좌선坐禪만 뜻하지 않는다.

육조六祖 혜능慧能 대사의 육조단경六祖壇經에 나오는 불립문자에 대한 다음과 같은 경책警策을 음미해보라.

경전經典 속의 문자에 집착 말며 또한 남의 말로 해탈할 수 있다고 생각 말라. 자성自性을 참으로 비우되 비움에 집착 말라. 좌선할 때 마음을 완전히 비우는 것은 오히려 고목枯

木이요 죽은 재라. 참 비움이란 무한한 진실이요 모든 법이 자기 심중心中에 있는 것이다.

비움에 집착하는 자는 대개 경전을 욕하며 '일체의 문자를 포기하라' 주장하나 문자를 진정 포기한다면 불립문자라는 말도 문자의 옷을 걸친 것이니 버려야 마땅하리.

그러니 경전을 버리면 안 된다.

혜능 대사의 이같은 말은 참선 수행하는 자세를 경책한 글로써 참선한답시고 경전에 의지하지 말란다는 말만 덮어놓고 우기는 행태를 훈계하고 있다.

사실상 중생심으로는 도를 얘기할 수도, 법을 전달할 수도 없다. 도나 법은 중생심을 떠나 실상지를 증득한 상태라야 전달이 가능하다. 그러나 인간의 의사 전달 도구는 말과 글밖에 없기에 언어로는 전달이 전혀 불가능함을 잘 알면서도 어쩔 도리 없이 언어를 이용하여 중생을 끌고 갈 수밖에 없다. 그래서 부처님께서도 직접적으로 설명하지 못하고 무수한 비유설을 하였는 바 사람들은 이를 알지 못하고 또 경전의 문구에 매달리니 이를 타파하기 위하여 선종禪宗이 나타난 바 이것이 선종이 출현한 근본 이유다. 그렇기 때문에 선종이라 하여 경전을 무시하는 것은 바보짓이다. 이렇게 중생심으로 참선을 하니 어떻게 올라오겠는가?

또한 혜능의 참선은 처처의 행을 나투는 것이니 좌선이 참선이 아니다. 이런 가르침은 유마경維摩經에도 나오는 바 제자품弟子品을 보면 나무 아래 앉아 좌선하던 사리불舍利佛이 유마힐維摩詰 거사居士에게 '단지 앉는 것만이 좌선이 아니라'는 힐난詰難을 받고도 대꾸할 말이 없어 묵묵부답이었다는 점을 돌아보아도 그렇다.

또 이런 사실은 혜능 대사의 행적을 돌아봐도 쉽게 알 수 있으니 혜능은 방아를 찧으며 공법空法을 얻고 나서도 이십여 년 동안 품삯 받고 일하며 생활선生活禪을 하였다. 이와 같이 혜능 대사의 참선은 단 한순간도 죽지 않고 살아 있었다는 점이 못난 후학後學들과 다른 점이다. 또 이것이 바로 행주좌와어묵동정行住坐臥語黙動靜이니 다니고 머물고 앉고 눕고 말하고 묵묵하고 움직이고 고요한 일체 모든 것이 참선이다. 그런데 일반 수행자들도 말은 이렇게 하면서 오로지 가부좌 틀고 앉아서만 이 말을 생각하니 한심한 것이다. 무엇을 하든 항상 살아 있어야 한다. 밥 먹고 똥 누고 술 마시고 오입질하고 싸울 때도 살아 있어야 한다.

혜능 조사가 밝힌 견성은 요즘 식으로 하면 확철대오確徹大悟에 해당하며 그 이하는 견성이라고 하지도 않았다. 혜능의 견성은 실상 경계에 들어가 실상지를 증득한 상태를 말한다.

이를 두고 어떤 면에서는 자력성불自力成佛이라고 할 수도 있지만 이와 같은 견성성불로 도달할 수 있는 세계는 소위 실보무장애토實報無障礙土로서 가깝기는 하지만 아직 완전한 부처님 세계에 못 미친다. 견성성불 다음에는 반드시 부처님이 이끌어주어야 완전한 성불이 가능하다. 자력으로는 절대 못 올라간다. 하지만 정법正法이나 상법像法 시대라면 모를까 현재 오탁악세五濁惡世에는 견성성불조차 할 만한 근기가 거의 없다.

더구나 요즘에는 불법 수행이 참선 위주로 되다 보니 참선하지 않고 경전 수행을 하거나 부처님의 다른 법을 따르면 이를 한꺼번에 일컬어 외도라 매도하나 어떻게 같은 불교 문중에서 불법이 물과 불로 나뉘겠는가? 이는 상식적으로도 있을 수 없는 일이다.

천태지자는 스스로 말하기를 자신이 선종의 맥을 이었노라고 하였다. 지금 같으면 오히려 교종敎宗에 가깝다 하겠지만!

그러나 천태지자가 선종인 이유는 그가 제시한 마하지관법摩訶止觀法에서도 충분히 엿볼 수 있다. 마하지관법의 내용이 엄청나게 어렵지만 삼십칠도품을 비롯하여 사제법 십이인연법 등이 전부 마하지관법에 포함되며 지관법으로서 팔만사천법문을 해설하고 포섭한다. 이것이 바로 선禪이다.

그런가 하면 육조 혜능은 부처님이 가섭迦葉에게 전한 교외별전에 의거하여 선을 닦는 사람들이 경전이나 부처님의 다른 가르침에 의지하지 않는 대신 반드시 의지해서 살며 행해야 되는 서른여섯 가지의 일들을 가르치고 있는 바 그 내용이 종국에는 중도실상中道實相이다.

예를 들어 교외별전에서는 긍정적으로 물으면 반대되는 것을 확연히 깨닫도록 하여 자연히 긍정적인 것을 알도록 하는 방법을 사용한다. 따라서 수행하는 후학이 있어 만일 '밝음이 무엇이냐?'고 물으면 '어둠이 인因이 되고 밝음이 연緣이 되나니 어둠이 소멸消滅하면 밝음이 없어지느니라'고 가르쳐 양변兩邊에 치우치지 않게 하는 바 궁극적으로 중도中道에 들어서게 한다. 그러나 이런 것이 과연 부처님 가르침 밖에 있는 것일까? 아니다. 이것이 바로 부처님의 십이인연법十二因緣法이다.

게다가 교외별전에서 강조하는 직접적 행동 양식은 육바라밀과 사무량심이며 이런 것들을 전부 다 갖추도록 하여 살아가게 한 것이 선종이자 교외별전의 내용이다. 따라서 선종의 조사 스님들은 결코 부처님을 떠나지 않았다.

예전에는 승려도 노자老子 장자長子 등에 정통했고 주역周易이나 유가儒家에도 능통하였다. 도사道士들도 마찬가지로 불교에 능통하였고 또 유가에서도 불교를 연구하고 도가道家의 가르침을 받는 등 서로 교류하며 나름의 학문도 성취하며 자신도 성취했는데 어떻게 된 것이 요즘에는 승려로서 도가나 유가에 관심을 가지면 즉시 외도 아니 거의 사도 취급을 당한다.

도대체 왜 이런 일이 벌어지는가? 이 모두가 생겨난 이유는 석가모니 부처를 인간으로 보기 때문이며 이로써 불교를 하찮게 보고 나 스스로 어떻게 해보겠다는 당장 내다 버려야 할 아상我相이 더 짙었기 때문이다. 이는 또한 수행인이라면서 조사의 가르침도 지키지 않은 것이다. 조사는 그렇게 얘기하지 않았다. 도대체 어떤 조사의 가르침에서 서로를 욕하고 비난하고 멸시하고 외도시하라고 했다는 말이냐?

불교의 가르침은 일체 모든 것을 포함하기에 포용하지 못하면 불교가 아니다.

공가불이

오조五祖 홍인弘忍의 두 제자인 신수神秀와 혜능慧能에 얽힌 일화
는 널리 알려진 것이니 새삼 소개할 필요는 없을 것이다.

먼저 신수가 읊은 시는 다음과 같다.

　신시보리수身是菩提樹　몸은 보리수요
　심여명경대心如明鏡臺　마음은 명경대라
　조조근불식朝朝勤佛拭　매일 열심히 닦아
　막사유진애莫使惹塵埃　티끌 없게 하노라

그리고 이에 대하여 당시 혜능이 아직 약관弱冠에도 못 미친 나
이에 쓴 시는 다음과 같다.

　보리본무수菩提本無樹　깨달음에 본래 나무가 없고
　명경역비대明鏡亦非臺　맑은 거울 또한 틀이 아니로다

본래무일물本來無一物 본래 한 물건도 없는데
하처야진애何處惹塵埃 어느 곳에 때 끼고 먼지 끼랴

손수 배를 저어 강을 건너게 하여 혜능을 피신시킨 홍인은 혜능을 다음과 같은 글로써 가르쳤다.

유정래하종有情來下種 사랑으로 씨를 뿌리니
인지과환생因地果還生 땅으로 인해 과일이 나네
무정역무종無情亦無種 사랑이 없으면 씨도 없어
무성역무생無性亦無生 불성도 태어남도 없으리

순서대로 수준 차이를 알 수 있으니 신수 대사의 시는 번뇌를 닦자는 것이고 혜능 대사의 시는 번뇌가 본래 어디 있느냐며 번뇌가 없는 반야般若를 표현하고 있으며 홍인 선사는 번뇌도 소중히 대하는 실상을 말하고 있다. 특히 홍인 선사의 시는 혜능이 자칫 공空에 떨어질까 염려하여 혜능을 일깨우는 가르침이다.

홍인 선사의 시를 보자. 첫 구절의 유정有情 즉 사랑은 번뇌심이요 씨는 곧 부처의 씨앗을 말함이다. 또 둘째 구절의 땅은 바로 사바세계니 번뇌와 고통으로 대표되는 땅에서 환생還生 즉 생을 바꾼다 함은 진화하여 부처가 생성된다는 뜻이다. 결국 첫 두 구절은 '유정의 세계에서 성불을 하게 된다'로 압축할 수 있다. 세 번째 구절은 탐진치貪瞋癡의 삼독심三毒心과 번뇌심

이 없으면 부처의 종자도 없다는 말이며 마지막 구절은 무정無
情 즉 번뇌가 없으면 불성도 태어남도 없다는 말이다.

유마경維摩經은 소승과 대승의 연결 고리로서 불이법不二法을 설
하여 수행자를 실상으로 들어가게끔 한다. 따라서 공空과 가假
는 둘이 아니며 가假도 실상에서 보면 공空을 내포하고 있음이
니 이를 두고 공가불이空假不二라 한다. 그리하여 소승을 탄핵하
고 대승 경지로 이끄는 바 오조 홍인의 시가 바로 이것이다.

무엇이 오무간지옥업인가

오무간지옥업五無間地獄業이란 아버지를 죽이고 어머니를 해치며 부처의 몸에 피를 내며 화합 승단을 깨뜨리며 경전과 불상을 불사르는 것으로 무간지옥無間地獄에 떨어질 다섯 가지 업이다.

그러나 이는 세간에서 말하는 것이며 출세간出世間의 수행자라면 마땅히 임제臨濟의 정안록正眼錄에 나오는 다음과 같은 경구를 보아야 하리라.

무엇이 아버지인가? 무명無明이 아버지이니 그대들 한 생각 마음이 꺼졌다 일어났다 하는 곳을 찾지 못해 마치 허공에 메아리 울리듯하고 어디를 가나 아무 일 없는 것을 아버지를 죽인다고 한다.

무엇이 어머니인가? 탐내고 사랑함이 어머니이니 그대들 한 생각 마음이 욕계에 들어가 그 탐내고 사랑함을 찾아도 오직 모든 법이 빈 모양임을 볼 뿐이어서 어디에나 집착하지 않음을 어머니를 해친다고 한다.

무엇이 부처님 몸에 피를 내는 것인가? 그대들이 청정한 법계에서 한 생각 마음에 알음알이를 내지 않아 어디나 칠흑처럼 캄캄한 것을 부처님의 몸에 피를 내는 것이라 한다.

무엇이 화합승들을 깨뜨리는 것인가? 그대들의 한 생각 마음이 번뇌에 매였음을 정확히 알아 허공처럼 의지할 데 없음을 화합승을 깨뜨리는 것이라 한다.

무엇이 경전과 불상을 불사르는 것인가? 인연이 비고 마음과 법이 비었음을 보아 결정코 한 생각이 되어 초연히 아무 일 없으면 그것을 경전과 불상을 불사르는 것이라 한다.

언뜻 읽으면 다 올바른 수행인 듯한데 임제 선사는 이런 수행들을 지옥 갈 수행이라 한다. 왜 그런가?

예를 들어 임제 선사가 말한 아버지를 죽이는 무간지옥업은 십이인연법十二因緣法을 깨달아 벽지불과辟支佛果를 얻는 것이다. 어머니를 해치는 무간지옥업은 공법空法을 증득하는 것이다. 부처님 몸에 피를 내는 무간지옥업은 적멸寂滅 또는 멸도滅度의 경지를 말하는 것이다. 화합승을 깨뜨리는 무간지옥업도 공空을 체득한 상태다. 마지막으로 경전과 불상을 불사르는 무간지옥업은 이상의 네 가지 수행의 증과를 종합한 것이다.

하지만 이러한 작은 과果에 만족하고 교만하여 멈추면 바로 무
간지옥업을 짓는 것이니 절대 멈추면 안 된다. 멈추면 사도邪道
다. 이것이 임제의 가르침이다.

그런데 왜 임제는 수행하라는 가르침을 굳이 뒤집어 말했을까?
이는 이를테면 선을 악을 보듯 하여 들어가 딛고 일어서라는
말이다. 좋은 것을 나쁘게 보니 어디에도 매이지 말고 머물지
말라는 가르침이다. 이렇게 하면 결국 중도로 들어간다.

그래서 임제 선사의 가르침은 이왕지사 수행의 길로 들어섰을
진대 가장 용기 있는 사람이 되어 오무간지옥업을 완전히 익힌
다음 반야를 얻어 견성성불로 들어가라는 것이다. 임제 선사가
말한 내용은 결국 부처님 경전을 벗어난 부분이 없으며 오무
간지옥업을 완전히 수행하는 것은 경전을 체득하라는 말과 다
름이 없다.

법계의 미아가 되면 평생을 망친다

이 어지러운 세상에서 자아自我를 굳건히 지키며 살기란 참 어렵다. 그렇다 보니 이미 자아를 망실하고 타아他我가 정신을 지배하는 이른바 혼이 나간 상태에서 사는 이들이 제법 많다. 하기사 소위 문명이란 것이 발달할수록 소외와 불만족으로 인한 외로움과 괴로움에 시달리게 되어 있으니 자아를 지키기가 몹시 어려울 수밖에 없으리라.

이렇게 사람들이 모든 면에서 불안해 하는 점을 이용하여 참선이다 호흡이다 명상이다 하며 사람들을 현혹하여 돈벌이 수단으로 삼는 영리 집단이 날로 늘어난다. 심지어 수행이란 미명하에 각종 종교 단체에서도 이런 짓을 하며 또한 종교를 빙자한 단체들은 한 술 더 뜬다.

그런데 이런 수행은 하나같이 멀쩡한 사람들의 정신을 황폐화 시킨다는 점을 알아야 한다. 그렇기 때문에 도대체 할 필요가 없다.

사람은 누구나 내면의 핵심에 불성佛性이 있으며 이 불성을 감싼 번뇌의 체를 영성靈性이라 한다. 사람으로 태어나 이 세상을 살면서 많은 일을 겪고 고통을 당하며 생각이 깊어지면 누구나 차차 영성이 발전하여 자연히 일정 단계 이상으로 올라가게 된다. 그리고 영성이 발전되면 자신이 평소에 마음을 어떻게 먹었고 어떻게 닦았느냐에 따라 수없이 많은 계界 중 어느 한 곳으로 가게 되며 거기서 다시 자기가 지은 대로 체體를 받아 나간다. 이것이 소위 업보중생業報衆生의 의미다.

그런데 욕심으로 했든 번뇌심에서 했든 단전호흡이나 명상 등을 하게 되면 미처 적절히 대처할 준비도 갖추지 않은 상태에서 자신의 의지와 상관없이 갑자기 어느 수준으로 빨려 올라가는 계기를 만드는 폭이 된다. 이런 경우라도 이 사람을 제대로 보살피고 제 길로 인도할 유능한 지도자가 있다면 별 문제가 안 된다. 그러나 특히 영리 목적으로 호흡이나 명상을 가르치는 사람들 중에는 제대로 인도할 만한 사람이 전혀 없다고 보면 된다. 무엇보다 제대로 인도할 능력이 있는 지도자라면 처음부터 호흡이나 명상 따위로 돈 벌 생각 자체를 아예 하지 않기에 더욱 그렇다. 그러니 도대체 가르치는 사람조차 뭐가 뭔지 모르는데 누구를 어떻게 인도하겠는가?

호흡이나 명상을 하여 갑자기 어떤 계에 뛰어 들었는데 이를 그대로 내버려두면 글자 그대로 법계法界의 미아迷兒요 우주의 미아가 되어 결국 자아를 잃고 혼이 나간 존재가 된다. 껍데기는 어제와 동일한 사람이지만 생각이나 행동은 달라진다.

영계靈界 특히 아수라계와 지옥계의 존재들은 호시탐탐 사람 몸에 들어올 기회만 노리다가 일단 비집고 들어오면 절대 나가지 않으며 오히려 주인이 들어오지 못하게 막는다. 그러니 '저 사람이 옛날엔 안 그랬는데 변했다'는 말을 듣는 것이다. 주인이 달라지니 사지四肢도 말을 안 듣고 또 아픈 데가 여기저기 생긴다. 호흡이나 명상 따위를 하지 않고 그냥 살아도 자아를 상실하기 십상인 세상인데 여기에 촉매를 부어버리니 누구도 걷잡지 못할 상태에 이르는 것이다.

이런 면에서 호흡이나 명상 따위는 사람들을 똘아이 수준으로 인도하는 역할밖에 못한다. 물론 초기 단계에서는 건강이 다소 좋아지거나 마음이 편안해질 수 있다. 그러나 혹해서 계속하면 결국 인성人性이 삼차원을 벗어나게 된다.

호흡이나 명상을 하여 뛰어든 계는 우리가 상상하지 못할 정도로 빠르게 움직이며 이동하는 계인지라 본의 아니게 그 세계에 뛰어든 존재는 말하자면 탁구공 같은 신세가 되어 뛰어든 계의 존재가 건드리는 대로 탁구공 튀듯하니 도대체 이 사람이 어디로 가겠는가? 이와 같이 일단 들어가면 자연히 방향감각을 상실하기 때문에 능력 있는 인도자의 존재가 중요한 것이다.

자기도 모르게 뛰어든 계가 부처님의 세계와 같이 완전한 자비심을 가진 계가 아닌 이상 이런 사람은 들어간 계의 장난감 노릇만 당할 뿐이다. 이렇게 법계의 미아가 되면 오갈 데도 없고 어떻게 나와야 하는지도 모르니 이 사람의 남은 인생은 고통의 연속이다. 이래서 새끼 무당이 양산된다.

전에 없던 이상한 능력이 생기고 아무리 정신적으로 기묘한 것을 보았다 하더라도 그게 뭔지 본인도 모르고 지도하는 사람도 모른다는 이런 황당한 일을 벌여 놓고도 책임지는 사람은 아무도 없다. 아니 아예 이런 사실조차 알지 못하니 도대체 책임질 사람이 어디 있겠는가? 책임지지도 못할 사람이 돈벌이 수단으로 멀쩡한 사람을 법계의 미아로 만들어 놓고 나 몰라라 하니 기가 찰 일이다. 물론 이렇게 되는데는 본인의 욕欲이 가장 컸겠지만 말이다.

기실 돈벌이 수단으로 호흡이나 명상을 지도한다는 사람들 중에 정말로 능력 있고 책임질 수 있는 사람이 없다. 무슨 일이 일어나는지조차 모른다. 이렇게 지도한다는 사람 자체도 모르는 판에 현혹되어 따라가는 사람은 오죽하랴. 그런데 심지어 불교에서도 이런 짓을 하고 있으니 여타 하등 종교 집단이 사회에 끼치는 해악은 더 말할 것도 없다.

그래서 수행의 방편인 호흡이나 명상 관법 참선 등을 함으로써 사람들이 진화하기는커녕 오히려 전부 병드는 결과가 초래되니 이런 짓은 차라리 처음부터 아니함만 못하다는 것이다.

몽중여시아문 2권에서 정사正邪의 구분이 어렵다고 했지만 정과 사를 확실히 구분하는 기준은 있다. 뭐가 정도고 뭐가 사도인지 완벽히 구분하는 기준은 실상實相이다. 즉 실상으로 인도하는 방법이 있다면 이것이 정도며 이것이 우리가 가야 할 길이다. 그러나 아무리 불법이라 일컫더라도 실상으로 인도하지 못하거나 실상과 연결되지 않는 가르침이나 수행에 의지하는 불법은 전부 사도에 불과하다. 이는 외도에도 들어가지 못한다. 외도는 비록 다른 길이지만 좌우간 목적지에는 갈 수 있다. 목적지에 가지도 못하는 길이 사도다. 일체 중생을 성불시키려는 목적에 위배되며 방편으로 끝내게 하는 불법이 있다면 무조건 사도니 기실 세간에는 불교란 이름의 사도가 더 많다. 이는 부처님 할아버지가 오더라도 부인 못할 분명한 사실이다.

그렇기 때문에 실상으로 가는 수행법이 있다면 그것이 호흡이든 명상이든 태극권이든 등산이든 꽃꽂이든 모두 정도다. 또 참선하는 스님들이라면 실상을 깨닫기 위한 이뭐꼬를 해야 정도를 걷게 된다.

그런데 수행하는 사람들이 실상이 뭔지나 아는가? 아는 사람이 없다. 왜냐하면 수행은 결국 실상을 증득하기 위하여 하는 것이니 이미 깨달았다면 수행법에 구애받지 않을 테니 말이다.

그렇다면 어떻게 해야 실상으로 갈 수 있는가? 참선하는 스님들을 기준으로 하자면 육조단경六祖壇經에 나온 대로 마음 자세를 가다듬고 정진해야 한다. 헛된 고집과 욕심으로 자기가 나아갈 길을 꽉 막고 나가고 싶은 대로 제멋대로 가면 실상은커녕 지옥 구렁텅이로 그대로 굴러 들어간다.

현시대를 사는 사람들은 번뇌장이 두껍고 복덕장이 얇기에 지옥 갈 수행법만 눈에 띈다. 들어 보면 그럴듯하여 자신이 설득되는 것이다. 그러하기에 자신의 알량한 머리로 수긍되고 그럴듯한 것은 전부 사도라는 말이 바로 이를 뜻함이다.

무엇보다 내가 들어 보고 판단한 다음에 하겠다는 발단 자체가 전도된 발상이다. 이렇게 되는 이유는 물론 기본적인 믿음이 없기 때문이니 이런 사람들에게는 아무리 정도를 일러 주어도 결국 사도로 빠진다.

이래서 호흡이나 명상으로 초월적인 뭔가를 알 수 있다고 주장하는 영리 단체들이 우후죽순雨後竹筍처럼 솟아나는 것이고 말로만 종교에 귀의했다고 우기면서 종교의 가르침을 자기 멋대로 해석하여 짜깁기한 사상들이 튀어나온다. 그러니 이런 것을 만든 사람은 물론 그를 따르는 사람들까지 모두가 다만 위험한 짓을 하는 것에 지나지 않는다. 어차피 목적이 돈 벌자는 것이기에 나무라봤자 헛일임은 잘 알지만 여하튼 어떤 가르침이든 어떤 수행법이든 그 근본이 실상으로 향하지 않는 것은 전부 글렀다.

그래서 호흡이나 명상 따위를 영리 목적으로 지도한다는 단체에 다니는 사람들은 필히 다음 문구를 기억할 필요가 있다.

　구린내가 심할수록 똥파리 떼가 꾄다.

결국 행이 문제가 아니고 어디로 향하느냐가 문제임을 잊지 말라. 실상에는 정사가 없다. 그렇기에 어떤 면에서 외도인 줄 알고 가면 더 빨리 갈 수도 있음이니.

방편법 수행만으로 올라가기는 어렵다

자의든 타의든 사람은 누구나 이 세상에 태어나 한세상 살아
가는데 이 세상에 태어남은 자기 발전의 기회가 주어진 것이
다. 이를 깨닫지 못하면 어떻게 인생을 살았고 어떻게 일생을
마감하든 결국 세상을 잘못 산 것이다.

사람은 누구나 과거세에 지은 업業과 그에 따른 습기習機로 씨
줄을 이루고 또 잉태된 후 하나의 생명체로서 부모에게 받는
제반 식識과 성장하면서 늘어나는 각종 알음알이들로 날줄을
이루어 나름의 아성牙城을 쌓으며 자기만의 세계를 구축한다.

애초에 아주 단단한 업과 습기를 가지고 이 세상에 나온 사람
은 근기가 하열한 인간이요 그것이 부드러운 사람은 근기가
수승한 사람이다.

나이가 어리면 아직 몸에 밴 식이 적어 즉 날줄이 아직 성글

고 덜 만들어졌기에 밖을 볼 수도 있고 성질이 부드럽다. 따라서 아이들에게 '이러면 안 된다'고 하면 당장 '네'하고 돌아설 줄 아는데 나이가 들면 들수록 죽어도 말을 듣지 않게 된다.

그런데 어릴 때부터 소위 현대적인 합리적 교육을 철두철미하게 받으면 이는 날줄을 강철 콘크리트로 만드는 격이다. 그래서 요즘 젊은이들을 가르치기란 참으로 어렵다. 반면에 그냥 자연 교육을 받고 자라는 것은 부드럽고 또 건드리면 곧 끊어지는 날줄을 만드는 것이기에 이런 이들을 가르치기는 쉽다.

노자老子가 이르기를 도는 부드럽고 약한 것이며 딱딱한 것은 죽은 것이라 하는 까닭이 여기에 있다.

기실 도의 작용은 원래 없다. 다시 말해서 도란 씨줄과 날줄이 없는 상태다. 하지만 일단 씨줄과 날줄이 엮여 구축된 아성은 단단하기 그지없어 이를 터뜨려 없애기가 매우 어렵다. 십억 개 태양계를 한꺼번에 날릴 수 있는 폭탄을 터뜨려도 여전히 남는다.

방편법 수행이란 자력으로 이런 아성을 터뜨리려는 것이다. 그러나 여간한 수행으로는 씨줄과 날줄이 엷어지거나 잘라지지 않는다. 또한 이번 생에 이를 깨부수지 못하면 다음 생에서는 현생에서 만든 날줄이 씨줄에 합해져 더욱 단단한 씨줄이 된다. 이리 되면 사방이 꽁꽁 막혀 어디도 가지 못하며 한 치 밖도 보지 못한다.

그러니 현재 오탁악세에는 오죽하랴. 사람들마다 단단하기 이를 데 없는 씨줄을 갖고 태어나는 것은 물론이요 게다가 스스로 발버둥 치며 뒤집어 놓아 세상을 보니 세상사 이치가 전부 거꾸로 보이며 오히려 거꾸로 가는 것은 바로 보인다.

상황이 이렇기 때문에 현시대에서 소승법으로, 자력수행으로, 방편에만 의지하여 성도成道하기란 하늘의 별 따기다.

게다가 요즘 사람들은 지식만 늘어 모든 사안을 자기 수준에서만 판단하니 더욱 큰 문제다. 그래서 부처님께서도 무수한 비유설을 하였지만 사람들은 본시 방편 가르침이란 정상에 오르기 위한 계단에 지나지 않음을 모르고 계단 자체에 매달리니 이런 착각들을 타파하지 않으면 희망이 없다.

스님들이라도 이십 대에 출가하여 평생 닦는다고 해봐야 그나마 정신이 맑은 오십 대까지지 정신이 흐린 그 이후는 볼 것도 없다. 그리고 일반 불자라면 수행하여 닦기보다 업을 쌓기 바쁜 것이 현실이다. 이런 수행으로는 정상에 오르기는커녕 자신이 지은 업연으로 인하여 더 떨어지기만 할 뿐이다. 그렇기 때문에 다함 없는 미래겁까지 닦는다는 허울 좋은 말만 하지 실제로 닦는 사람이 없다.

스스로 닦는 과정을 백팔 계단을 올라가는 것에 비유하면 방편법에 꼭 매달려 평생 수행해봤자 몇 계단 올라가지 못한다. 그런데 다만 세 계단을 올라가더라도 이미 올라온 처음 두 계단을 버리면 안 된다. 반드시 포함해야 한다. 버리면 세 번째 계단이 없는 까닭이다. 하지만 마음의 계단이라는 것은 팔만사천 무진번뇌이기에 자신이 과거세에 올라간 계단을 현세에도 기억하는 사람은 거의 없다. 다시 발심해서 올라간다 해야 역시 몇 계단 못 오르고 생을 마친다. 그리고 다음 생에 인간의 몸을 받으려면 거의 기약 없는 날을 기다려야 한다. 그러니 닦은 것보다 업이 많은 이가 다음 생에 첫 계단이나 기억하겠는가? 기억하지 못하면 다시 연이 될 때까지 기다려야 하는데 여기서 다시 떨어지면 오랜 겁이 지나도 다시 인간이 될까 말까다. 이래서 뭘 하겠는가? 더구나 말법시대에는 이조차도 할 사람이 없다.

정법시正法時에는 그래도 잘 올라갔을 것이다. 상법시像法時에는 만에 하나 들 정도 올라갔을 것이다. 그러나 유교무기有教無機 시대인 현 말법시末法時에는 올라갈 생각조차 내는 사람이 없다.

경전을 독송하고 참선하고 염불하며 수행한다는 사람조차 이 모두를 중생의 생멸심에서 하기에 불법이라는 지고의 가르침을 마구니 법으로 만들고 있다.

유교무기有教無機 시대에서 제대로 수행하려면 마땅히 사람에 의

지하지 말고 교법教法에 의지하며 계율戒律을 스승으로 삼는 자세를 가져야 한다. 그러나 멋대로 교법을 해석하여 맞추고 계율도 무너뜨리고 굽고 휘게 하여 매달리니 스승도 없는 것이 현실이다.

그래서 부처님께서 묘법연화경을 설하시면서 '혼자서 기어오를 생각 말고 그저 믿고만 따라오너라'고 말씀하시는 것이다. 이렇게 좋은 방법이 있는데도 수행자들 대부분은 여전히 스스로 기어 올라갈 생각만 하고 묘법연화경은 조금도 돌아보지 않으니 정말로 알 수 없는 노릇이다. 방편법으로는 절대 올라가지 못한다고 부처님께서 누누이 분명히 말씀하셨건만.

요즘 사람들은 근기가 없어 스스로 올라간다고 해봐야 기껏 기름 바른 대추나무를 외팔로 올라가려는 격이다. 심지어 계속 떨어지면서도 조그만 낮은 가지라도 올라간 줄로 여기니 문제가 더욱 크다.

몽중여시아문 2권에서도 언급하였지만 오탁악세에는 도대체 증득할 만한 근기가 없다. 이는 부처님 말씀이다. 따라서 누구라도 '나는 아니라'고 말하지 못한다. 그럴 만한 사람이라면 이미 예전에 다 성취하였을 것이고 또 현세에 나왔다면 반드시 묘법연화경을 믿고 수행하는 자가 되었을 테니까.

이런 면에서 묘법연화경은 마지막 품品까지 간절하기 이를 데 없다. 특히 비유품 등에서는 마치 세 살 짜리 어린애에게 '엄마가 젖꼭지 물려줄 테니 이것 좀 봐라', 또는 대여섯 살 아이들에게 장난감을 보여주고 '장난감을 줄 테니 이것 좀 해봐라'는 식으로 설하고 있다. 제대로 말해봐야 어차피 모르기 때문이다.

그런데도 못된 놈들은 젖꼭지만 물고 장난감만 낚아채려 하지 정작 하라는 일은 여전히 따르지 않는다. 물론 모르기도 하거니와 무엇보다 부처님 말씀을 믿고 받을 만한 근기가 아닐 뿐더러 인연이 없기 때문이니 그조차 보이지 않고 들리지 않는 것이다.

방편은 한순간 한 사람만 위한 것이다

우리가 불법 수행을 제대로 하려면 불교의 전모를 알아야 할 필요가 있다. 불교의 전모를 모르고 방편 수행에 매달리면 결국 평생 헤매다 만다. 따라서 숲을 보되 나무를 볼 줄 모르면 안되고 동시에 나무를 보면서도 숲을 볼 줄 모르면 안 된다. 몇 가지 비유로 이 점을 부연하겠다.

묘법연화경에서 제시하는 궁극의 불법을 코끼리라고 하자. 그런데 머리부터 꼬리까지 다 있어야 코끼리지 꼬리털 한 가닥은 기실 코끼리가 아니다. 그럼에도 부처님께서는 꼬리털 한 가닥을 코끼리라고 가르치셨다. 왜냐하면 중생의 시야가 좁아 전체를 볼 눈이 없기에 시야를 넓힐 수 있도록 방편 가르침을 펴신 것이다. 그리고 꼬리털 한 가닥이라도 분명히 코끼리에서 뽑은 털이니 아주 코끼리가 아닌 것은 아니다. 그리하여 꼬리털 한 가닥을 보고 말고 또 만지게 하여 감각을 익히도록 가르쳐 시야가 트이도록 하였더니 이제 와 전체 코끼리를 보면

66

서도 코끼리가 아니라고 부정하는 것이다. 왜냐하면 코끼리 전체는 자신이 알던 털이 아니기 때문에!

또 열병을 앓는 사람을 본 부처님께서 측은히 여겨 해열제를 주어 치유시켰다. 그런데 이 사람이 이제 몸이 식었는데도 계속 해열제를 먹으면 어찌 되겠는가? 위胃에 구멍이 날 수밖에 없다. 이를 두고 불을 피해 물에 빠져 죽는다는 것이다. 그런데 한 술 더 뜨는 일은 환자 옆에 있던 건강한 사람들까지 자기도 환자인 양 해열제를 따라 먹는 것이다. 해열제란 방편은 오로지 열병을 앓는 사람에게만 필요한 것이다.

마찬가지로 건강한 이에게 보약을 계속 주면 코피 터지고 결국 실명하고 만다. 그런데도 내게 보약이 필요하다고 계속 고집하는 원인은 중생심에 있다. 저 죽는 줄 모르고 고집 부리는 격이다.

또한 중생에게 하도 분별심이 많아 이를 다스리기 위해 어쩔 도리 없이 아我를 죽여 무아無我로 들어가라고 방편설을 했지만 이번에는 무아無我에만 매달리니 부처님도 어지간히 답답하셨으리라. 무아無我에 매달리면 무아는 곧바로 무아란 이름의 유有가 되니 수행자들은 다시 이를 쳐부수어야 한다. 이런 식으로 수행하노라면 종국에는 갈 바를 모르고 헤매게 된다.

그런데 이렇게 갈 바가 없도록 만들고 가르치는 방법이 선법禪

法이기는 하다. 예를 들어 '없느냐?'고 물으면 무조건 '있다'고 대답하고 '있느냐?'고 물으면 무조건 '없다'고 대답하여 스스로 물은 것을 파헤쳐 대답을 얻게 한 수행법이 바로 육조 혜능이 가르친 방식이다.

이때 명심해야 할 사실 하나는 대답 자체가 질문한 사람이 기준이라는 점이다. 탁자 위에 사탕이 놓여 있다. 만일 위胃에 실열實熱이 있는 사람이 와서 '사탕이 맛이 있느냐?'고 물으면 나는 내 위주로 얘기하지 않고 물은 사람 위주로 생각해서 얘기하기에 '맛이 없다'고 대답한다. 왜냐하면 이런 사람은 사탕을 먹으면 속이 느글느글해지기 때문에 권할 수 없는 것이다. 하지만 만약 위가 냉한 사람이 와서 동일한 질문을 하면 즉시 '맛이 좋으니 어서 사탕을 먹어라'고 대답한다. 왜냐하면 이런 이들에게는 사탕이 소화제라 사탕을 먹으면 속이 풀리는 것을 알기 때문이다. 부처님의 방편법은 전부 이런 것이다.

그래서 같은 물이라도 뱀이 먹으면 독이 되고 소가 먹으면 젖이 된다는 것이니 각 개체의 근기를 살펴 베푼 것이 방편인지라 방편은 오로지 그 순간 그 사람에게만 해당된다. 이러한 방편바라밀方便波羅蜜을 모르면 병에 대한 처방을 모르는 것이니 무슨 약을 처방하든 독약 처방에 불과하다.

그렇다고 착각하지는 말라. 방편법을 버리라는 것이 아니다. 우리는 방편법을 수행해야 한다. 다만 부처님께서 하라는 대로

만 하면 전혀 문제가 없다. 그대로 따르지 않고 자기 생각을 가미해서 정지하니 문제라는 것이다.

부처님 방법이라도 그 취지를 알고 내용을 알아서 따라가야지 문자에만 매달리지 말라. 그래서 불립문자라는 선종이 나오는 것이지만 불립문자도 경전을 떠나 성립되지 않는다. 그래서 그 내용의 핵을 알아야 하는데 그를 모르고 하기 때문에 나무라는 것이고 부처님께서도 말과 글로써 방편을 베풀었지만 사람들이 자꾸 엉뚱한 곳으로 가니까 '아 이놈들아. 나는 그 소리 안 했다'고 하는 것이다.

그러나 이러한 모든 점들을 이해하더라도 방편법으로는 어차피 미궁에 빠질 공산이 크다. 방편법 수행은 본시 어렵다.

이 책에서 천태지자를 자주 들먹이지만 이는 묘법연화경이 천태지자와 인연이 많기에 천태로 국한하여 몰아가는 것이다. 그런데 천태대사도 참선법의 하나인 마하지관법摩訶止觀法을 수행법으로 제시하였지만 이 수행법을 수행자들이 그대로 따르기는 참으로 어렵다. 일단 수행하기로 마음먹었다면 이 생에서 반드시 결말을 짓겠다는 각오로 수행해야 하는데 지관법 자체가 매우 난해하기 때문에 평생 지관법을 익히고 참구해도 천태조차 되지 못한다.

그러니 어느 세월에 이런 수행법을 따르겠는가? 차라리 인간의 몸을 두 번 다시 받지 않는 편이 낫지 이런 식으로 다시 세상에 나와 지금의 내가 짐작도 못하는 고통을 당하며 또 다른 생을 살고 싶지는 않다.

그리고 부처님께서도 시종일관 방편법만으로는 안 된다고 했으니 굳이 방편 수행에만 머리를 처박을 필요가 없는 것이다.

물론 부처님께서는 하열한 근기들이 방편 수행에 머리 박아도 욕하지는 말라고도 하였지만 그렇다고 이것이 우리가 익히 아는 참선이나 이뭐꼬를 찾으라는 소리는 아니다.

부처님께서 최후로 설한 열반경을 군습교捃拾教라 하니 이는 곧 이삭줍기 가르침이다. 즉 열반경은 이미 추수를 다 끝내고 혹시 떨어진 것이 있지 않나 확인하는 가르침이다. 그런데 왜 부처님께서는 열반경을 설하셨을까? 그 이유는 이미 묘법연화경까지 다 가르친 시점에서 중생을 바라보니 열이 내렸는데도 계속 해열제를 먹고 있고, 열도 없는 놈들까지 해열제를 따라 먹고 있기 때문이다. 그래서 '이건 안 되겠다' 하고 마지막으로 총정리한 것이 열반경이다.

이런 면에서 묘법연화경 분신편分身篇의 위대한 점은 모든 방편법들을 전부 총섭總攝하여 거두어들인데 있다. 그리하여 아함부터 조도와 화엄까지 일체 방편 가르침을 전부 하나로 거두어 유일불승唯一佛乘으로 돌아가도록 물꼬를 터놓았다. 이를 폐권입실廢權立實이라 한다. 폐권입실이란 방편을 버리고 진실한 법을 세움을 뜻한다.

여하간 묘법연화경은 중생심을 떼고 들어가는 궁극의 문이기에 중생심으로는 묘법연화경의 가르침이 무엇인지 알지 못한다. 중생의 분별심과 생멸심으로는 결코 실상을 보지 못한다.

그래서 묘법연화경에서는 여타 경전과 달리 전할 사람을 구별한다. 모든 선법을 닦고 나서 그 이상을 찾는 사람, 진실로 법을 구하는 실상지에 달한 사람이 아니면 묘법연화경을 주어야 독밖에 되지 않는다.

모르는 자들이 돈오와 점수를 구별한다

돈오頓悟는 한순간 문득 깨침이요 점수漸修는 차츰차츰 수행하여 깨침을 말한다.

부처님 가르침 중에 화엄華嚴에서 돈오와 점수의 예를 볼 수 있다. 즉 화엄 회상에서 부처님이 과거세부터 즉 교화한 보살들에게 설법하니 이들이 부처님 말씀을 듣고 바로 깨쳤는데 이것이 돈오다. 하지만 다른 중생은 같은 자리에 있었으면서도 이해하지 못하고 눈멀고 귀먹은 존재와 같았으니 이들을 위하여 다시 점수를 설한다. 따라서 돈오와 점수가 서로 어울려 화엄이 되는 것이다. 즉 화엄 중에 돈오점수頓悟漸修가 같이 있다.

그러나 돈오점수頓悟漸修는 기실 불법을 잘 모르는 후학들이 붙인 말일뿐 부처님이나 조사 스님들이 만든 용어가 아니다. 따라서 돈오와 점수를 구분하는 자가 있다면 단지 스스로 무식함을 자인하는 격이라 하겠다.

돈오를 주장하는 자들은 부처님도 떠오르는 샛별을 보고 문득 깨쳤다고 우긴다. 그러니 부처님의 깨침도 돈오라는 것이다.

그런데 샛별은 아무나 볼 수 있는데 어째서 다른 놈은 못 깨치는가? 결국 샛별이 깨치게 한 것이 아니다. 그 순간까지 닦은 상태가 있기에 문득 깨치는 것이다. 이는 점수 쪽에서 하는 얘기다.

그러나 돈오와 점수는 처음부터 서로 구분할 필요가 없는 개념이다. 확연히 둘로 나뉘지 않는 사안을 억지로 둘로 나누어 서로 옳으니 그르니 하는 자체가 말이 되지 않는다. 예를 들어 아침 여섯 시에 햇살과 동시에 꽃망울이 터지는 것을 보고 무식한 자들은 '햇빛이 비치니 문득 꽃망울이 터지더라'고 주장하며 돈오라 한다. 그러나 꽃봉오리가 맺지도 않은 갓 싹이 튼 식물을 햇빛에 갖다 댄다 해서 꽃이 피겠는가? 반대로 점수라 하여 전혀 햇빛을 보지 못하게 한 채 식물을 키운다면 어떻게 꽃을 보겠는가?

돈오와 점수의 논쟁을 보면 이렇게 서로 말도 안 되는 소리를 하며 아주 유치한 데까지 끌고 간다. 돈오에서는 햇빛 보는 것만 말하고 점수에서는 식물이 자라는 것만 말하는 식으로 돈오와 점수가 대립되지만 이런 개념들은 불법 수행에 전혀 불필요한 것들이다. 억지로 말을 붙인다면 돈오 중에 점수가 있고 점수 중에 돈오가 있다고 할 수밖에 없다.

세간에서는 대체로 참선이 돈오를 위한 방법으로 알지만 참선에도 돈오가 있고 접수가 있다. 왜냐하면 한마디에 즉시 깨치지 못하면 바로 접수가 되기 때문이다. 예를 들어 촛대 하나를 보여주자마자 곧 '아! 깨쳤습니다' 하고 걸어 나오면 돈오가 되는 것이요 의미를 알지 못해 촛대를 한참 쳐다보며 골똘히 참구参究하고 있으면 접수인 것이다.

그러나 돈오를 찾으면 접수가 따르고 접수를 하노라면 돈오가 튀어나오는 것이니 돈오와 접수는 똑같은 것이다. 기실 부처님 법에는 돈오와 접수의 확연한 구분이 없다. 그러하기에 돈오파든 접수파든 제발이지 상대를 비방하지 말라. 나무에 핀 꽃은 땅 속 깊숙이 뻗어 나간 뿌리가 있기에 존재하는 것이다.

돈오와 접수라는 개념은 깨치지 못한 후학들이 신수 대사의 깨침을 접수, 혜능 대사의 깨침을 돈오라 구분한데서 비롯되었지만 신수나 혜능이 스스로 돈오나 접수를 주장한 적은 없다. 또한 신수는 자신의 제자를 혜능에게 보내 공부시키기도 하였고 혜능은 신수를 국사國師로 추천하였으며 또 자신의 문하 제자들에게 너희들이 하는 것이 바로 접수라고 가르치기도 하였다. 비록 처음에는 신수 대사의 제자들이 혜능의 의발衣鉢을 빼앗고자 혜능을 해칠 생각을 한 적도 있지만 올라간 위치에서 조사들은 서로 비방하지 않았다. 그럼에도 불구하고 당시 신수나 혜능에 비해 한참 밑바닥에 있는 자들이 저희들끼리 떠들어대던 소리를 요즘도 그대로 답습하니 참으로 어리석기 이를

데 없다.

돈오와 접수는 애당초 나타날 필요가 없는 개념이다. 이런 류의 개념들은 전체를 보지 못하고 어느 일면을 단편적으로 보고 확대시켜 나머지를 도외시하기에 나타난다.

예를 들어 가부좌를 틀고 참선을 제대로 하려면 먼저 하심下心이 되어야 한다. 하심이 되어 번뇌가 사라져 마음이 청정케 되려면 무엇보다 호흡을 유도해야 한다. 그래서 참선을 겉모양으로 보면 단전호흡이 될 수밖에 없다. 그러다 보면 자연히 자세가 바르게 되고 따라서 의식도 바르게 되며 바른 의식이 다시 자세를 더욱 똑바르게 만든다. 그런데 이를 보고 요가에서는 부처님도 요가를 해서 깨쳤다고 우기고, 호흡문呼吸門에서는 '무슨 소리냐. 부처님은 단전호흡을 해서 깨쳤다'고 하며, 선종에서는 부처님은 원래 이뤄꼬를 했다고 말한다. 단편적으로는 맞을지 모르지만 모두 다 틀린 소리다. 만일 부처님께서 깨칠 때 보리밥을 드셨다면 아마도 지금 수행자들은 모두 보리밥만 먹어대며 깨치려 할 것이다. 그러나 아무리 보리밥 먹어 봐야 방귀만 나올 뿐 깨침과 거리가 멀다.

마찬가지로 부처님 수행의 목적과 방법을 잘 이해해야 하는데 돈오와 접수를 구별하면 이미 그를 모르는 것이다. 접수 없는 돈오 없고 접수의 결과가 돈오다.

모르고 짓는 죄가 더 크다

알고 저지른 죄는 반성할 여지나 있지만 모르고 짓는 죄는 반성할 여지조차 없기에 과보가 더욱 크다.

현재 한국 사회를 보면 사람들 대부분이 혼이 나간 상태로서 제정신을 가진 사람이 드물다. 이런 현상은 정치 문화 등 한국의 혼탁한 제반 현실이 더욱 조장한다. 하지만 이 모든 것은 우리가 한국 땅에 사는 이상 마땅히 받아들여 순응해야 할 의보依報이기도 하다. 그렇다고 고치려는 노력을 하지 않을 수는 없다. 아는 사람이라면 마땅히 대중의 의식이 바뀌도록 좋은 길을 제시해야 한다.

이런 면에서 특히 중생을 좋은 길로 이끌어야 할 스님들이 잘못된 의식을 갖고 잘못된 행을 하는 일이 비일비재니 참으로 아쉽다. 스님들이 포교한답시고 부적을 팔고 귀신 액풀이나 하여 시주 받을 생각이나 하니 이는 결국 사람들을 미혹에 빠뜨리는 것이다. 물론 이런 것도 자비심에서 할 수 있고 또 그래야만 할 필요가 있을 수도 있다. 그러나 이를 업으로 삼아 살아가겠다는 발상 자체가 재미없다.

부처님께서 말씀하시기를 승가僧家를 욕하면 무간지옥업 감이라 하였다. 이를 잘 알면서도 공공연히 승가의 잘못을 지적하는 이유는 이 지구상의 중생을 이끌어갈 사람들이 잘못된 의식을 갖고 이끌면 나머지 모두를 악도로 떨어지게 하는 더 큰 죄를 범하는 것이기에 이를 막기 위해서다.

요즘 일부 스님들이 해외 포교에 눈을 돌리고 있다. 그런데 도대체 어떻게 외국인들을 가르치겠다는 것인지 도시 알지 못하겠다.

포교는 행으로 보이는 것이다. 포교는 말과 글로 하는 것이 아니다. 말과 글로는 절대 못한다.

우리말도 제대로 이해하지 못하면서 언어와 습속이 틀린 외국에 나가 그네들의 말을 배워 불법의 진수를 전달할 수 있다고 생각하는 사람이 있다면 이는 천치 중의 상천치다. 색즉시공 공즉시색을 'Color is sky. Sky is color.'라 번역한다면 이게 대체 무슨 소린지 알 사람이 있겠는가? 또 '부처를 만나면 부처를 죽이고 조사를 만나면 조사를 죽여라'는 말을 직역해서 전달해보았자 모든 사안을 물질적 현상적으로 생각하는 그네들

77

에게 어떻게 전달이 되겠는가? 더구나 이를 전달한다는 사람
조차 색즉시공 공즉시색의 의미를 모르지 않는가? 만일 안다
면 뭐하러 번역하겠는가? 몸소 행行으로 보이면 간단히 끝날
일일텐데.

그래서 이런 식의 포교는 포교도 아니다. 이런 포교는 해봐야
그 사람들을 점점 더 악도에 떨어지게 하는 지름길 만들기며
지옥으로 가는 길을 닦아 주는 행위다.

외국에 나가 포교하려는 스님이 혹시 있다면 스스로 계행戒行을
지키고 계행을 스승 삼아 스스로 자기 몸을 장엄해야 한다. 그
리하여 모든 행과 언어 등이 법다워야 한다. 바로 이것이 포교
다. 말로 할 생각은 버려라.

더구나 스님이라 해도 우리말로 된 경전조차 제대로 알지 못
하며 설사 해설을 듣거나 법문을 듣더라도 무슨 소린지 모르
며 또 안다 하더라도 착오 투성이 아닌가? 더더군다나 중생의
생멸심과 분별심으로 불법을 대하고 설하면 이는 법사法師가 아
니라 이미 마구니일 뿐이다.

그래서 외국에 나가 포교하려는 스님들에게는 무엇보다 자신
에게 포교나 제대로 하고 또 자신이 속한 사회의 중생에게나
포교를 제대로 하라고 권하고 싶다.

그리고 매우 유감스러운 일이지만 부처님이 묘법연화경을 포함한 제반 경전에서 무엇을 얘기하고 있는지 제대로 아는 스님들이 도대체 없다. 현실이 이런지라 수행자로서 자기가 왜 불법 수행을 하는지 아는 사람조차 드물다.

길가에 다니는 사람을 붙잡고 '네가 부처냐?'고 물으면 당연히 아니라고 답할 것이다. 또 참선하는 스님에게 '스님이 부처님입니까?'라고 물으면 아마도 '부처면 내가 미쳤다고 이 짓 하냐?'고 되물을 것이다. 그런데 이는 중생심에서 자기를 보기 때문이다. 제자리에 들어가 자기를 보지 못하기에 이런 대답이 나온다.

사실 우리는 항상 육도를 윤회하는 껍데기만 볼 뿐이다. 그래서 비로자나불毘盧遮那佛이 '정말로 기이奇異하고 기이하도다. 모든 중생은 이미 부처거늘 어째서 그를 알지 못하고 육도 윤회의 고통을 받는가'고 말하는 것이다.

누구나 다 이미 성불했고 누구나 다 이미 부처다. 따라서 제도할 중생도 제도 받을 대상도 없다.

없는데 왜 수행하는가? 이는 덕지덕지 쌓인 갖가지 번뇌煩惱와 무명無明으로 깊숙이 감춰진 부처가 번뇌와 무명을 이끌고 스스로 불승佛乘에 오르기 위한 연습을 하는 것이다. 그리고 그 닦는 방법이 아함 방등 반야 등이지만 묘법연화경에서 부처님께서 약속하셨듯 성불은 오직 묘법연화경으로만 되지 다른 것으로는 안 된다. 묘법연화경 방편품方便品의 다음 대목을 보라.

　　만약 누구 하나라도 소승으로 교화한다면
　　나는 분명코 질투嫉妬의 죄를 지은 것이니
　　이는 여래의 일이 아니니라

그런데 현 불가에서는 묘법연화경을 한다고 하면 무조건 외도나 사도시하며 삐딱하게 보고 배척하니 진정 그 이유를 알지 못하겠다. 심지어 묘법연화경이 발견된 연대가 다르기 때문에 묘법연화경은 후세의 위작僞作이라고 매도하니 할 말이 없다.

하지만 사찰의 탱화는 하나같이 법화회상法華會上 즉 영산회상靈山會上이니 이것은 어찌된 일인가? 화엄회상華嚴會上도 더러 있지만 아주 드물다. 또 불국사佛國寺의 다보탑多寶塔과 석가탑釋迦塔은 바로 묘법연화경에 근거하여 우리 조상들이 건립한 역작이다. 특히 다보여래多寶如來가 거처하는 다보탑에 대한 상세한 묘사는 묘법연화경 견탑품見塔品에 잘 나와 있다. 따라서 불국사 승려들이 묘법연화경을 하지 않는다면 더군다나 말이 안 된다. 또 조선조 초기에 간행된 석보상절釋譜詳節에도 묘법연화경의 일부를 한글로 수록하였다.

왜 우리 조상들은 묘법연화경을 이토록 중시했는가? 우리 조상들이 당시에 모두 정신이 나갔었다고 생각되는가?

그러나 지혜 면으로는 현시대의 석학이라도 옛 사람들의 생각을 따라가지 못한다는 점을 알아야한다. 철학 음악 미술 등 모든 면에서 그러하다. 물론 현대에는 과거에 비해 도구가 좀 더 많아졌고 더 발달한 것도 있지만 세상 사는 지혜는 그 시대가 훨씬 더 앞섰다. 후세 사람들은 자신들의 눈으로 그 시대를 평가하지만 옛 사람들의 지혜는 못 따라간다는 점을 분명히 인지해야 하리라.

이럼에도 불구하고 승가에서 묘법연화경을 배척함은 삼승三乘의 방편을 거두어 한 줄기 물로 올라오게 하는 것을 막는 행위로서 이는 묘법연화경이 무엇인지 모르기 때문이다.

그리고 우리나라 승단에서는 대개 화엄이 가장 좋다고 하는데 이는 도대체 이해하기 힘들다. 화엄은 단지 보살이 되려는 것이고 법화는 부처가 되려는 것이다. 그렇다면 대답해 보라. 화엄과 법화 중 어느 쪽이 더 높은가?

사실 이런 질문을 하는 나 자신이 참으로 유치하고 말하기도 쑥스럽다. 그럼에도 이런 질문을 해야 하는 현실이 참으로 암담하다. 보살행의 전 과정을 설법한 것이 화엄경이지만 묘법연화경에서는 즉신성불을 이야기하며 성불도를 바로 가르쳐 준다. 이런 당연한 사실은 시시비비할 거리가 아니다. 하나는 부처고 하나는 보살이 아닌가 말이다.

혹자는 '부처 되기가 그리 쉬운 줄 아느냐? 수많은 생을 두고 닦아 나가야 조금씩 진보하는 것인데...'라고 말하겠지만 이는 자신이 이미 부처인 줄 모르는 소치다.

때로 화엄을 동쪽에 떠오르는 해에 비유하고 법화는 서쪽에 지는 해에 비유하기도 한다. 그런데 이를 두고 심지어 어떤 이는 법화는 지는 해니 이는 내일을 기약하라는 것이라고 오도誤導하니 할 말이 없다. 이렇게 오도하면 영락없는 지옥행이다.

서쪽에 지는 해라 함은 하루를 다 마쳐 밤이 되니 편안한 쉼이 눈앞에 닥쳤다는 의미다. 하루에 할 일을 이미 다 했고 뜻한 바 모든 것을 성취했으며 이미 육도 고리가 다 떨어져 완전한 성불을 했기에 쉴 수 있는 것이다.

중생이 있음으로 보살이 성취한다

젖먹이 아이를 키우는 어머니를 생각해보라. 아이를 건강히 키우려면 아이가 배고프다고 보챌 때마다 젖을 물려야 한다. 그렇기 때문에 자애로운 어머니라면 본인이 배고파서가 아니라 아이에게 수유할 수 있도록 당장 먹기 싫어도 밥을 먹어야 한다. 또한 자애로운 어머니라면 배고파 하는 아이에게 젖을 먹이는 행위는 당연한 일이지 어떤 보상을 바라거나 내가 지금 너에게 젖을 먹인 은혜를 언제나 잊지 말고 효도하거라 따위의 생각을 한다는 것은 말도 안 된다. 아이에게 수유함은 당연히 그래야 하기 때문에 하는 것일 뿐이다. 이렇게 하여 튼튼하게 자란 아이가 나중에 사회에 기여하는 일꾼이 된다면 이것이 바로 어머니의 성취다.

제도할 대상도 없고 제도할 사람도 없다는 말은 이런 면에서 음미해봐야 한다. 그리고 이 책을 읽는 보살이나 불자라면 마땅히 이런 마음으로 살아가야 아상我相이 없어진다.

83

만일 저 사람이 모르니까 이를 가르쳐야겠다고 한다면 이는 크게 잘못된 생각이다. 만일 '중생을 애민哀憫하는 마음을 가져라'는 가르침에 따라 애민하는 마음을 낸다면 대승에서 보아 이는 단지 아상이 커진 것에 불과하다. 따라서 보살을 완전히 성취케 하려면 도와주려는 불쌍한 사람도 나보다 낫다는 마음에서 도와주어야 비로소 내 상이 없어진다. 이런 이치는 묘법 연화경을 믿고 받는 보살이나 불자를 보호하려는 차원에서 말하는 것이지 도움 받는 중생을 위한 것이 아니다.

예를 들어 초라한 행색의 노인이 천 원만 주면 지하철 타고 집에 간다고 손을 벌리기에 즉시 천 원을 주었다고 하자. 그런데 우리는 무슨 생각을 하며 돈을 주었을까? 아마도 상대가 불쌍하다는 마음에서 주었을 것이다. 그러나 이 사람이 사실은 소문난 갑부고 비록 겉모습은 초라해도 그가 엄청난 부자라는 사실을 내가 미리 알고 있었다면 천 원을 주었더라도 나에게는 주었다는 마음이 없으리라. 도리어 겨우 천 원만 주어 미안하다는 생각을 하게 될 것이다. 이때 누가 성취될까? 바로 내가 성취된다. 이래서 중생이 있기에 보살이 성취한다는 것이고, 중생이 보살을 가르친다는 것이다.

부처님이 보살이란 존재를 세상에 내놓아 보살이 성취토록 하는 장이 바로 이 세계다. 이런 가르침은 특히 유마경維摩經에 잘 나와 있다.

공가중 삼관

흔히 불법의 단계를 아함阿含 방등方等 반야般若 법화法華의 순서로 나열한다. 특히 방등은 일체유심조一切唯心造 한마디로 요약되는 바 일체 모든 것은 마음먹기 나름이다. 일체유심조를 넘어서면 비로소 공법空法으로 갈 수 있다. 공에도 색공色空과 심공心空이 있는 바 색공을 깨달은 연후에 심공을 얻게 된다. 그리고 이러한 공법을 얻어야 실상實相을 깨칠 수 있다.

실상을 지혜智慧 측면에서 본 것을 반야般若라 일컫는 바 반야란 걸림 없고 위없는 지혜를 말하며 반야를 얻으면 결국 실상을 얻기에 이를 두고 반야실상般若實相이라 한다. 또 제법실상諸法實相이라 함은 실상을 유무위법有無爲法의 측면에서 본 것이요 실상을 공관空觀과 가관假觀의 관법觀法을 기준으로 볼 때는 중도실상中道實相이라고 표현한다. 기실 어느 표현이나 다 같다고 보면 된다. 실상을 보는 각도가 다른 것뿐이다.

묘법연화경 여래수량품如來壽量品에 나오는 구절이다.

여래는 여실히 삼계를 보는 까닭이라. 곧 삼계는 나지도 않고 죽지도 않으며 배거나 튀어나와 생기지도 않으며 회전回轉하지도 않고 멸滅하지도 않아 **실實도 아니요 비실非實도 아니며 있지도 않고 있지 않음도 아니며 그러하지도 않고 다르지도 않고 헛되지도 않느니라.**

여기서 천태지자天台智者 지의智顗의 공가중空假中 삼관이 나온다.

공관空觀이라 함은 한 생각의 본체本體를 관하는 것으로서 한 생각의 본체는 오온五蘊이 본공本空하고 사상四相이 돈절頓絶되었으며 모양과 성품이 텅 비고 고요하여 크지도 작지도 않고 나지도 없어지지도 않으며 머무르지도 움직이지도 않고 나아가지도 물러나지도 않으며 마치 허공과 같아 아무 것도 없는 것이라고 관하는 것이다.

가관假觀이라 함은 한 생각의 작용作用을 관하는 것으로서 한 생각의 작용인 온갖 모든 것은 꿈과 같고 허깨비와 같으며 물거품과 같고 그림자와 같으며 이슬과 같고 번개와 같은 것으로서 일정한 자성自性이 없고 일정한 종자種子가 없는 거짓된 것이라고 관하는 것이다.

중도관中道觀이라 함은 공가불이空假不二를 관하는 것으로서 생멸

변역生滅變易을 거듭하는 삼라만상이 그대로 불생불멸不生不滅이요 상항부동常恒不動하는 진여실상眞如實相이니 번뇌煩惱가 곧 보리菩提요 마음과 부처와 중생은 차별이 없다고 관하는 것이다.

공을 관하여 반야로 들어가는 수행법이 사념처나 사제법 등으로 방등부 이하의 단계에서는 공이 자주 거론된다. 공관은 아라한이 닦는 법이다.

또 가를 관해 반야로 올라가는 대표적인 방법이 십이인연법으로 이는 근기가 높은 이들이 하는 방법이다. 말하자면 산수를 가르쳤는데 방정식까지 스스로 터득하는 격이기 때문이다. 가관은 벽지불이 닦는 법이다.

그러나 본시 공과 가가 다른 것이 아니다. 이러한 공가불이 사상을 잘 설명하고 있는 것이 유마경이다. 유마경보다 아래의 가르침에서는 공과 가를 구분하지만 유마경에 이르면 비로소 공과 가의 구분이 없어진다. 그러나 유마경에서는 단지 공과 가에 대해서만 이야기할 뿐 중도 사상이 없다. 그래서 유마경의 가르침은 반야실상에 이르는 징검다리 역할을 하는 것이다. 즉 공과 가가 서로 다르지 않다는 점을 밝혀 수행자로 하여금 중도실상에 이르게 하는 것이다. 이와 같이 유마 사상은 아직 반야에 도달하지 못한 법이며 다만 대승으로 향하는 문을 삐거덕하고 여는 수준이다. 따라서 유마경 그 자체는 불도佛道라 할 수 없으며 화엄과 같은 보살도에 속한다.

반야실상에서는 공가중을 다 본다. 그러나 반야 이전에는 공관으로 가르치기도 하며 가관으로도 가르친다. 반야에서 비로소 중도실상이 드러나며 이 점은 화엄도 법화도 마찬가지다.

다만 반야까지 간다 해서 법화와 같다는 것은 아니다. 법화경 분신편의 핵심은 제법실상이자 중도실상이니 어떤 면에서 그렇게 말할 수도 있겠으나 그렇더라도 그는 다만 정지된 측면에서 말하는 것이다. 왜냐하면 일반 자력수행에서는 반야가 궁극이지만 법화에서는 반야 자체가 디딤돌에 불과하기 때문이다. 즉 실상의 유일불승 관점에서 보면 반야로 도달한 성이 화성化城 즉 가짜 성에 불과하기 때문이다.

하여튼 자력 방편수행의 극은 반야실상에 이르는 것이며 이를 위한 구체적 수행법 중 하나가 용수龍樹 보살이 저술하여 천태지자까지 내려와 그의 제자가 글로 완성한 마하지관법摩訶止觀法이다. 마하지관법에서는 다음과 같이 공가중 삼관을 설한다.

한 생각이 즉공卽空 즉가卽假 즉중卽中이며 모두 필경공畢竟空이며 모두 여래장如來藏이며 모두 실상實相이니라.

셋이 아니면서 셋이고 셋이면서 셋이 아니며 합하지도 않고 흩어지지도 않으면서 합하고 흩어지며 합하지 않는 것도 아니고 흩어지지 않는 것도 아니며 동일하지도 다르지도 않으면서 동일하고 다르니라. 비유하면 맑은 거울과 같

으니 맑음을 비유함이 즉공卽空이요 거울에 나타난 상을 비
유함이 즉가卽假요 맑은 거울을 비유함이 즉중卽中이라 합하
지도 않고 흩어지지도 않으면서 합하고 흩어짐이 완연하며
하나 둘 셋이 아니면서 둘 셋이 방해롭지 않느니라. 이 한
생각 마음은 세로도 아니고 가로도 아니어서 불가사의하니
단지 자기만 그러한 것이 아니다. 부처와 중생도 또한 이와
같으니라. 화엄에 말하기를 마음과 부처와 중생 이 셋이 차
별이 없다고 하니 마땅히 알라. 자기 마음에 일체 불법을
구족하고 있느니라.

그러나 절대 착각하면 안 되는 것이 한 생각 마음이 일어남에
즉공卽空 즉가卽假 즉중卽中이라 함은 부사의 해탈 경계에서 말하
는 것이지 중생의 생멸심에서 말하는 것이 아니다. 만일 이 사
실을 혼동하면 굳이 수행할 필요도 없고 성불할 필요도 없고
중도를 설명할 필요도 없다는 식으로 어리석은 언행이 초래될
뿐이다. 중도라는 것은 반드시 깨달아야 하는 것이기에 어느
누구라도 깨치기 전에는 중도를 아무리 알려 해도 알 수 없으
니 이런 도리는 천 명의 석가, 만 명의 달마가 나와 미래겁이
다하도록 설명해도 전하지 못하는 것이다.

공가중에 즉卽을 붙여 즉공 즉가 즉중이라 한 이유는 설명할
필요가 없기 때문이다.

이런 이야기는 보살 이하 수행자들의 입장이 아니라 부처 입

장에서 그대로 말한 것이니 몽중여시아문 1권의 초입에서 언급한 지구와 태양 이야기처럼 지구에서 보는 태양이 아니라 태양 측면에서 보는 것을 그대로 이야기한 것이다.

공가중 자체가 셋이 아니면서 셋이고 셋이면서 셋이 아니라는 말은 이를테면 색 자체가 공이며 가며 중이기에 그러하다. 예를 들어 물 마시는 컵을 가의 측면에서 보면 가고 공에서 보면 공이며 중에서 보면 중인 것이다. 그러면서 한 물체로 합하고 흩어지고 할 뿐이다.

그런데 이를 놓고 중생심에 의거하여 '아니 컵이 있지 않느냐?'고 묻는다면 이는 질문 자체가 성립되지 않는다. 지금까지 내내 강조하지만 이 대목의 공가중 삼관 이야기뿐 아니라 책 전체에서 언급하는 모든 내용들은 중생의 분별심과 생멸심에 근거한 말이 아니다. 이는 전부 실상 경계에서 나타나는 말들이다. 따라서 중생심에서 의혹을 품는 이가 있다면 이런 이는 굳이 수행할 필요도 없고 성불할 필요도 없으며 이런 이들에게는 실상을 설명하는 시간이 아깝다.

그래서 법화경에서도 부처님이 말씀하시기를 모든 방편을 닦아 마음이 조복되고 깨끗해져서 정말 이보다 더 좋은 가르침이 없을까 하고 열심히 찾는 사람들에게 묘법연화경을 전하라는 것이니 덮어놓고 전해 주면 오히려 해가 된다.

아무리 허름한 중생도 부처님과 똑같이 오랜 수명을 가진 완벽한 존재다. 그래서 체가 중생이더라도 이미 부처인줄 자각하고 부처행을 하는 것이 법화 사상이다.

그런데 사람들은 이런 당연한 사실을 모른다. 그래서 열심히 자력으로 수행하지만 이는 마치 내 옷 속에 이미 여의보如意寶가 있는 줄 전혀 모르고 즉 나에게 당장 현금화가 가능한 수백억 원 짜리 보석이 있는 줄 모르고 남에게 백 원만 달라고 구걸하는 것과 같다. 이런 면에서 보면 자력수행으로 반야실상을 얻었다 해야 조금 더 많이 즉 천 원만 달라고 구걸하는 것에 불과하다. 또 제아무리 구걸을 잘해야 기껏 동장이나 구청장 정도가 될 뿐 절대 우주의 제왕이 되지는 못한다. 그러니 반야실상이 별 볼일 없는 것이다.

이같이 법화의 아래 단계에서는 열심히 닦아 올라오지만 법화에서는 이미 과果를 받은 체體로써 과불행果佛行을 하는 것이다. 이래서 법화를 과상불교果上佛敎라 부른다.

스스로 부처의 입장에서 조금의 의심도 없을 때가 바로 법화가 개현되는 때이니 **나무묘법연화경**을 받들어 독송하면 바로 이를 이룬다.

나에게 중도가 있으니 이것이 사제법이다

무슨 불법이라도 중도관中道觀을 떠나면 사도다. 따라서 중도로 들어오게 하지 않는 법이 있다면 그것은 불법이 아니다.

부처님 왈 '나에게 중도가 있으니 이것이 사제법이다'고 하였다. 이는 사제법을 중도로 이해하라는 말이다. 만일 이를 중생심으로 해석하면 바로 전도된 사상이 되어 버린다. 마찬가지로 공을 우리의 지식이나 습기 따위로 형성된 분별심이나 생멸심으로 이해하면 곧바로 전도되어 버린다.

사념처는 남방 소승불교의 근본 사상으로서 사념처가 소승 수행의 시작이다. 그러나 부처님도 말씀하셨듯 사념처를 바로 수행치 못하는 사람들 즉 전도를 일으키기 쉬운 중생심으로 법을 대하려는 근기가 낮은 사람들에게 사념처를 직접 이야기하면 곧 사념처에 한계를 긋고 떨어져 헤어나지 못하니, 그래서 한마디하기조차 겁난다.

왜냐하면 관신부정觀身不淨이라 하여 몸은 본시 깨끗지 못하고 형편없는 것이며 피고름 덩어리니 어쩌고저쩌고하며 삶에 대한 모든 의욕을 상실하기 때문이다.

그렇기 때문에 근기가 낮은 이에게는 차라리 사념처 대신 사전도법四顚倒法을 가르칠 필요가 있다. 사념처와 사전도를 구별하면 다음과 같다.

사념처四念處	사전도四顚倒
관신부정觀身不淨: 몸이 부정함	⇒ 관신정정觀身正淨: 몸이 깨끗함
관수시고觀受是苦: 감수가 고통	⇒ 관수시락觀受是樂: 감수가 낙
관심무상觀心無常: 마음이 무상	⇒ 관심유상觀心有常: 마음이 유상
관법무아觀法無我: 일체법이 무아	⇒ 관법즉아觀法卽我: 일체법이 나

사전도법은 사념처로 인하여 자칫 중생이 착각하고 전도될까 우려하여 이를 바로 잡아 일상생활을 제대로 영위하게끔 가르치는 역법逆法이다. 즉 생멸심 따위의 변견으로 사념처를 해석하는 이들에게는 오히려 사전도를 가르치는 편이 더 낫다.

그러나 사념처든 사전도법이든 둘 다 교화하는 대상의 근기에 따라 베푸는 방편법임에는 변함이 없으며 어차피 두 법을 대하는 중생의 인식 자체가 분별심에서 비롯되었기에 둘 다 틀린 법이라는 점은 동일하다.

마찬가지로 공이나 가도 집착하여 빠지면 즉시 사도행이 된다. 어떤 가르침이라도 잘못 들어가면 언제나 이런 결과가 초래된다. 이와 같이 물건은 한 가지더라도 받는 사람에 따라 그 가치가 엄청나게 달라진다. 설사 부처님이 방편으로 생멸을 말씀하시더라도 우리는 일불승의 중도를 증득하도록 해야지 방편에 떨어지면 안 된다.

그래서 부처님께서 이르되, 방편법에 안주하면 바로 사도라고 거듭 이야기하는 것이다.

그러나 중도 정견을 가진 사람이라면 사념처든 사전도법이든 그대로가 바로 상락아정常樂我淨의 사해탈문四解脫門이다. 사념처의 설법 역시 문은 문이지만 뱀이 먹으면 독이요 소가 먹으면 젖이 되듯 변견을 가진 중생이 들으면 사전도요 정견으로 들으면 사해탈이 되어버린다.

보살은 보살이 아님으로 보살이 아님이 아니다

유위법이든 무위법이든 표현해 놓은 모든 것을 일러 변견邊見이라 한다. 중생심도 변견이요 법견法見도 변견이다. 변견은 자연현상까지 포함하며 천天의 견해 역시 변견이다.

그렇지만 중도실상中道實相은 변邊이 없는 것이다. 따라서 중도실상을 증득하려면 마땅히 변견을 여의어야 한다.

변견을 여의도록 하는 가르침에는 여러 가지가 있지만 그중하나가 삼구三句다. '보살은 보살이 아님으로 보살이 아님이 아니다'라는 식의 말을 삼구라 하며 이는 '처음도 좋고 중간도좋고 끝도 좋다'는 말과 동일한 의미다.

삼구는 중도실상을 깨치는 하나의 방법으로서 어떤 종류의 삼구든 전부 선법이며 세 구절 중 어느 하나도 아님이 없다. 예를 들어 '법은 법이 아님으로 법이 아님이 아니다'와 같이 보살을 법으로 대치해도 여전히 정확한 삼구가 된다.

'보살은 보살이 아님으로 보살이 아님이 아니다'를 생각해보자. 일단 '보살은' 하고 말하면 으레 사람들은 선입견으로써 보살은 어떻고 어떤 일을 하는 존재며 하는 식으로 생각하지만 이는 중생의 변견으로써 보는 보살이다. 따라서 보살은 보살이 아니다. 그래서 '보살은 보살이 아님으로'라고 하며 먼저와 다른 변을 보인다. 그리하여 보살 쪽에서 보살이 아님을 봐야 하고 보살이 아닌 쪽에서 보살을 봐야 하니 마지막의 '보살이 아님이 아니다'는 첫 말과 같지만 같지 않다.

이와 같이 한 바퀴 빙 돌아 제자리에 오니 처음에 시장에서 국수 장사를 하다가 도를 깨닫고 돌아온 국수 파는 할머니는 여전히 전에 하던 것과 똑같은 일을 하되 전과 같은 할머니가 아니며 이것이 중도실상관이다.

그러나 삼구의 어느 한 변에라도 매이면 안 된다. 이 모두를 투과透過해서 그 밖에 존재해야 한다. 즉 보살이라는데 매여도 변견이요 보살이 아니라는데 매여도 변견이다. 또 보살이 아님이 아니다라는 데 머물러도 역시 변견이다.

율장律藏으로 삼구를 얘기해보면 '계율은 계율이 아님으로 계율이 아님이 아니다'가 된다. 그런데 '계율은 당연히 지켜야 한다'에 매이면 이는 더 이상의 자기 발전의 여지를 자르는 것이며 그렇다고 '계율은 계율을 지키지 않음이라'는데 매이면 나는 계율을 지키지 않아도 된다고 착각하고 해괴망측한 짓을 하는 속된 스님들이 나타나니 이 모두가 변견에 머물러 삼구를 잘못 해석한 탓이다. 이는 자신만 엄청난 착오를 일으킨 것으로 끝나지 않으니 지켜보는 세인들까지도 착오를 일으키게 된다.

그러니 어느 변에도 머물면 안 된다. 개개의 변을 투과해 나가 어디에도 머물지 말아야 한다. 머무는 그 자체가 변견이다.

흔히 세인이나 승려나 선종에서 얘기하는 깨침이 불법 수행의 전부인 줄 알지만 깨쳤다고 하면 이미 유위가 된다. 유위가 된 깨침은 이미 깨침이 아니다. 스스로 깨쳤다고 하면 이미 별 볼 일 없는 존재다. 그렇다고 해서 깨치지 않음이 아니다에 매달리면 그 역시 별 볼일 없다.

이와 같이 하나가 다른 들을 투과하고 자신도 투과해서 그 어느 곳에도 머물지 않을 때 진정한 여의보를 얻는 것이니 이는 천태대사의 공가중 관법과 일맥상통한다.

여의보란 내 멋대로 할 수 있는 보배다. 중도실상을 증득하면 무엇을 어떻게 해도 법에 걸림이 없으며 법에 걸림이 있나 없나를 살필 필요도 없다.

그렇기 때문에 맞다고 하면 이미 틀린 것이고 깨쳤다 하면 이미 깨치지 못한 것이다. 물론 그렇다 해서 깨치지 못한 놈을 보고 깨쳤다고 말하지는 못하지만.

어쨌든 이 전부가 말과 글을 떠나 존재하기에 이를 잘못 해석하면 전혀 엉뚱한 방향으로 흘러간다.

천태대사는 변견을 여읜다는 말 대신 쌍차쌍조雙遮雙照라는 말을 쓰고 있으나 이는 알아듣지 못하는 중생을 위하여 중도실상을 다른 방면에서 이야기하는 것뿐이다. 묘법연화경에서 부처님은 이를 두고 '처음도 거룩하고 중간도 거룩하고 나중도 거룩하다'고 표현한다.

일반 불법 중 심원한 가르침은 전부 중도실상지에 이른다. 그러나 실상지로도 도저히 보지 못하는 핵이 법보法寶며 묘법연화경에서는 이 법보를 바로 개현한다. 그러니 묘법연화경 입장에서 보면 실상지 같은 것은 아예 추구할 필요도 없는 것에 불과하다.

부처님 말씀은 처음도 중간도 끝도 거룩하다

묘법연화경 서품序品을 보면 문수사리文殊師利 보살마하살이 미륵
보살마하살에게 다음과 같이 설한다.

부처님께서 법을 설하사 정도正道를 밝히시니 처음도 거룩
하고 중간도 거룩하고 나중도 거룩하며 그 뜻과 말씀 역시
좋으니 정등正等하고 순일純—하더이다.

여기 나오는 '처음도 거룩하고 중간도 거룩하고 끝도 거룩하
다'는 말은 기실 삼구와 동일한 의미다. 이 점을 상세히 부연
하겠다.

하근기 중생은 어떤 사안을 어떻게 설명하더라도 전혀 이해하
지 못한다. 예로써 어떤 이가 '술이 무엇입니까?'라고 물었다.
그래서 '술은 알코올이 들어 있는 액체인데 많이 마시면 취하
고 지나치면 각종 폐해가 초래된다'고 답하면 '누가 알코올을

말해달라고 했느냐. 알코올은 빼고 술을 설명해달라.'고 하는 격이다.

이와 똑같이 부처님께서 다른 이야기를 통해서 불법을 충분히 설명했음에도 사람들은 이를 모르고 계속 그것을 설명하라고 한다. 그러나 아무리 설명해도 못 알아듣기는 마찬가지다.

중생은 그저 술과 알코올은 별개라는 분별심에 꼭 잡혀 있기에 알코올을 이야기하며 술에 대해 충분히 설명하더라도 여전히 헛소리만 거듭한다. 따라서 이런 이들을 가르치자면 결국 '술은 물과 같은 것인데'하며 말을 바꿔 또 수준을 낮춰 내려가야 한다. 이런 류의 불경에 옥야경玉耶經이나 선생경善生經 등이 있다.

그래서 부처님께서 성도 후 화엄을 설한 후 하근기 중생을 바라보니 이들은 그저 들입다 부처님께 복만 빌고 있는 거라. 이런 한심한 꼴을 바라보고 있자니 허파에 바람 빠질 노릇 아닌가? 그래서 어쩔 수 없이 허름한 옷을 입은 다음 '얘들아 이건 이렇고 저건 저렇다'는 식으로 낮은 수준에서 다시 말하기 시작한 것이다.

이를테면 부처님께서 중생에게 공법을 가르치려 한다고 생각해보자. 그런데 공법을 닦는 전제 조건은 생로병사의 해탈이다. 생로병사를 해탈해야 공법의 문에 들어갈 수 있는 것이다.

그래서 부처님은 방편으로 일단 생로병사를 해탈하라고 가르친다. 물론 생로병사의 해탈은 목적이 아니다.

그런데 이 세상에 알려져 있는 불법에서는 해탈만 불법의 목적인 줄 아니 문제인 것이다. 생로병사의 해탈은 불법도 아니요 조도법도 아니며 단지 조도법을 닦는 하나의 전제 조건일 뿐이다.

여하간 해탈을 위하여 부처님은 몸도 있고 마음도 있다는 전제를 세워 아함을 가르치기 시작하니 소위 호흡이나 위파사나 같은 수행법이 나온다. 이를 두고 '처음도 거룩하고'라는 것이며 이는 삼구에서 '보살은'에 해당한다.

그리하여 방등에서는 몸을 버리고 반야에서는 마음까지 버리니 이는 '중간도 거룩하고'에 해당하며 삼구로 보면 '보살이 아님으로'가 된다.

그러나 이렇게 하여 얻은 반야 자체는 성불이 아니다. 성불하면 당연히 반야를 얻지만 반야는 다만 불도로 가기 위한 길 중간에 쉬는 자리지 불도는 아니다. 화엄 역시 보살도지 불도가 아니다.

불도는 오직 묘법연화경밖에 없다. 부처님께서 이 세상에 출현한 목적은 오로지 묘법연화경을 설하기 위함일 뿐 다른 이유는 아무 것도 없다.

처음에는 방편으로 몸도 마음도 있다고 했다가 반야에서는 몸도 마음도 없다고 하지만 법화에서는 몸과 마음을 버리지 않는다. 그래서 법화가 바로 '끝도 거룩하다'며 삼구에서 '보살이 아님이 아니다'에 해당한다.

'보살이 아님이 아니다'는 곧 보살이라는 것이니 법화에서는 몸과 마음이 존재함을 중요하게 생각하라는 것이다.

따라서 넓은 시야로 보면 아함이 소승이라 별 볼일 없다고 내치지 말아야 하고 호흡도 해야 하며 돈오가 옳으니 점수가 옳으니 하며 각목 들고 싸워도 내버려두어야 한다.

그러니 버릴 게 아무 것도 없다.

현재 이 몸이 최후신임을 굳게 믿어라

불경을 보면 팔정도 중 첫째인 정견의 의미를 다음과 같이 설한다. 여기서 재齋란 보시행布施行으로서 공양供養과 관련된 법회를 의미한다.

정견正見이란 보시布施가 있고 여래의 교설教說과 재齋가 있으며 선한 행위 악한 행위와 선하고 악한 행위의 갚음이 있고 이 세상과 다른 세상이 있고 부모가 있고 중생의 태어남이 있다고 말하는 것이며 또한 아라한이 열반으로 잘 향하고 잘 이르러 이 세상과 다른 세상에서 스스로 알고 증득하여 나의 태어남은 이미 다하고 법행은 이미 서며 할 바를 모두 마친 곳에 완전히 머물러 뒤의 몸을 받지 않음을 스스로 안다고 말하는 것이다.

결국 정견이란 내가 세상에 태어나 받은 몸 자체가 최후신最後身이라는 신념이 확고하라는 것이다. 따라서 내세를 이야기하지 말고 다음 생을 기약하지 말라는 것이다.

이왕지사 수행의 길로 들어섰을진대 이번 생에서 인연의 고리가 다한다고 확신해야 한다. 그만큼 자신 있으라는 것인데 뻑하면 내세나 찾으려 하니 그런 자세로 무슨 수행을 한다는 말이냐?

태어나고 싶으면 내 마음대로 태어나는 것이다. 내세의 인연을 빌지 말고 내가 성불 후 어디서 어떻게 태어나 무엇을 하겠다는 서원을 확고히 세워라.

타의 즉 이 생에서 다하지 못한 인연으로 인한 업력에 밀려 또 태어나고 싶지 않은 몸을 다시 받아 고통을 당하지 않겠다는 신념을 세워라. 이런 신념이 이 세상을 살아가는 최종적이고 완벽한 목표가 되어야 한다.

이를 알면 현자요 망각하면 어리석은 자다.

정법을 정법대로 얘기해도 희론에 불과하다

사실 불법에 대하여 아는 척하고 무슨 설명을 붙이든 이는 수박 껍데기에 똥 묻히는 격이다. 또 심원한 불법을 대중에게 말과 글로 이해시키려는 시도를 하는 것은 그 자체가 스스로 지옥행 급행열차에 올라탄 것에 불과하다.

그러나 하지 않을 수도 없다. 그래서 조사 스님들도 고민하니 무슨 말을 해도 우매한 중생은 그 말에만 매달려 그것이 전부인 줄로 착각하기 때문이다. 이런 문제로 인하여 심지어 조사 스님들도 말로 가르치기가 힘들어 툭하면 몽둥이 찜질을 하는 것이니 불법을 가르치는데는 사실상 몽둥이 외에 약이 없다.

이런 점에서 이 책을 대하는 인연자에게 바라노니 이 책에서 얘기하는 내용을 절대 이해하려 하지 말라. 다만 수긍하기만 간절히 바랄 뿐이다.

이 책의 내용 전체는 변견邊見이요 희론戱論일 뿐이다. 그도 희대의 변견이자 희론의 극치리라. 이 모두가 변견으로 갖다 맞춘 것에 불과하다. 따라서 이 책에서 무슨 말을 했든 절대 거기에 매이지 말라.

기실 실상에 입각하면 무슨 말이든 하기만 하면 이미 틀린 것이고 일단 표현하면 그게 아닌 것이다. 이런 사실을 잊지 말라. 지금까지 제대로 읽은 사람이라면 이렇게 말하는 이유를 충분히 짐작하리라.

일반 불교는 교종敎宗과 선종禪宗으로 대별한다. 교종은 교학敎學이니 경전의 문구에 집착하기 마련이다. 그러나 경전의 한 뜻을 지식에 의지하여 문자로 얘기하면 벌레 수준밖에 되지 않는다. 그래서 열심히 불경을 연구하고 해석하면 세칭 불교학자라 하지만 유감스럽게도 이들이 하는 말은 시작부터 끝까지 모조리 틀린 것이다. 분별심과 생멸심으로 현상을 보는 안이비설신의의 육식과 색성향미촉법으로써 경전을 감지하고 해석하며 판단하려는 자체가 이미 엄청난 과오를 불러일으킨다.

부처란 존재는 원래 찾아지는 존재가 아니다. 그런데도 불구하고 일체 유위법 무위법 등을 통해 부처를 구하려 하면 구한다는 생각 자체가 이미 있음이고 만듦이기 때문에 이 모두가 불법에 위배되는 것이고 이는 도리어 부처를 비방하는 것이다.

그래서 '유무제법有無諸法을 떠나 유무제견해有無諸見解를 버리지 않고 삼구三句를 투과透過할 때 여의보如意寶를 얻는다'고 하는 것이다. 즉 어떤 변견에도 머물면 안 된다.

우리가 알고 있는 불법에서는 우리의 행이 이래야하고 저래야 한다고 가르치며 또 그렇게 해야 하기도 하지만 사실상 그 어디도 머물 자리는 아니다.

이런 점을 일반 대중에게 납득시키기는 거의 불가능하다. 그래서 이 책은 일반 대중을 상대로 하지 않는다는 것이니 다만 하늘에서 땅을 밝히는 해와 달과 같은 존재들에게만 이 책이 필요할 뿐이다.

마찬가지로 경전을 해석하는 교학에서도 중도실상을 바탕으로 얘기해야지 중생심에서 이렇다 저렇다 판단하고 왈가왈부하면 대중을 호도함에 그칠 뿐이다.

심지어 정법을 정법대로 얘기하는 것도 법을 꼬아 희론함에 지나지 않는다. 설사 부처님 말씀대로 얘기하더라도 정법을 비꼬는 것이 된다. 즉 교종에서 부처님 법을 부처님 법대로 말하더라도 자신의 바탕이 중생심이면 이미 틀린 것이고 분별심으로 법을 얘기하면 무조건 희론이다. 선종에서 반기를 들고 불립문자를 제창하는 이유가 여기에 있다.

그런데 돈오와 점수를 구별하는 것이 멍청이 짓이듯 선교禪教의 구분은 무의미하다. 즉 교학을 하는 사람이 선을 하지 않으면 교학을 할 수 없고 선종의 가르침을 따르는 사람이 교학을 모르면 역시 선을 할 수 없다.

특히 선종에서 내거는 종지宗旨들의 바탕은 전부 불경인지라 기실 부처님 말씀을 떠나지 않는다. 선종의 조사 스님들은 단지 시기를 맞추어 불교의 가르침을 하나하나 인용했을 뿐이다. 가르치는 선사의 입장에서 보면 다만 팔만사천법문의 방편법으로 시기설법時機說法을 한 것이다. 이를 모르는 존재들은 불립문자 교외별전 등을 떠들며 경전을 쓰레기 취급하고 불태우려 하나 이렇게 교학을 도외시하면 불교의 전모를 깨닫지 못한다.

마찬가지로 교종이라 하여 선을 하지 않고 문자에만 매달리면 역시 벌레 수준을 못 벗어난다. 따라서 선종이든 교종이든 어느 쪽이 더 낫고 못하고가 없다.

중생은 분별심과 생멸심에 근거하여 사안을 분별한다. 부처 역시 분별을 많이 했지만 다만 방편으로 분별했을 뿐이다. 즉 꽃을 보고 중생은 꽃이라 분별하나 부처는 방편으로 분별하니 꽃은 반드시 꽃이 아니다. 예를 들어 국화꽃을 보면 사람들은 누구나 '이것은 국화꽃이고 가을에 핀다'로 일관한다. 그러나 부처라면 국화꽃을 덮어놓고 국화꽃이라 하지 않으니 만일 눈이 아픈 사람이 오면 약이니 달여 먹으라고 권한다. 똑같은 국화꽃이라도 부처는 약으로 판단하는 것이다. 하지만 중생 눈에는 그저 꽃일 뿐이지 약으로 보이지 않는다. 이런 것이 부처의 방편이며 방편바라밀을 증득해야 방편을 자유자재로 쓸 수 있다.

방편바라밀이란 모든 사물이나 사안의 이치를 알고 그 근원을 꿰뚫어 즉시 온갖 방편을 마음대로 구사함이니 눈 나쁜 사람에게는 안경의 역할을 하며 절름발이에게는 같이 보조를 맞추어 걷는 것이며 흰 것만 보는 이에게는 다른 색깔도 볼 수 있는 눈을 틔어 주는 것이다.

그런데 부처님이 아픈 사람들을 고치기 위해서 '너는 국화꽃을 찧어 무릎에 발라라', '너는 세 잎을 떼어 달여 먹어라'고 가르쳤다면 세인들은 이를 보고 다시 도대체 국화꽃의 어떤 성분이 약이 될까를 따지니 이런 행위는 방편지를 오해한 소치다.

이와 같이 시키는 대로 먹기만 하면 낫는데도 도리어 의심만 하니 이렇기 때문에 중생심으로 부처님의 가르침을 판단하려는 것은 단지 부처님을 비방하는 꼴에 지나지 않는다.

더구나 부정적 식견으로 가득한 사람들에게는 정법을 전해도 오히려 부정적 생각만 가중되니 말하기 어렵고 정법을 전하기 어렵다. 그러니 경전을 자기 마음대로 비꼬아 희론하며 비방하지 말라. '나는 부처님 법을 그대로 이야기한다'는 자체가 희론이며 설사 정법을 정법대로 말해도 희론이다.

이름에는 힘이 있고 말은 씨가 된다

나무묘법연화경을 독송하면 즉신성불한다. 이것이 부처님께서 설한 묘법연화경의 핵심 가르침이고 당장 성불하는 지극히 간단한 방법이다. 그런데 이를 믿고 그대로 받는 사람은 정말이지 없다. 너무 쉽기에 아무도 믿지 못한다.

그런데 **나무묘법연화경**을 독송이나 염송함은 묘법연화경에 대한 믿음을 전혀 요구하지 않는데 그 묘미가 있다. 의심하고 정말 그럴까 하며 관심만 가져도 된다. 최소한 의심을 품으려면 한 번이라도 **나무묘법연화경**이란 말을 들을 테니 말이다.

속담에 나오듯 이름에는 힘이 있고 말은 씨가 되는 법이다. 이는 단순한 속담이 아니다.

예를 들어 아이가 수학을 100점 맞아 왔을 때 농담조라도 수학 박사님이라 부르면 아이는 으쓱하며 수학을 점점 더 잘하게 된다. 즉 걸맞은 상황에서 아이와 한마음이 되어 박사라 호칭하면 정말로 나중에 박사가 된다. 그러나 0점 맞은 아이를 박사라고 부르면 이는 상황과 호칭이 어긋나기 때문에 아이 마음에는 반감만 도사리게 된다.

이래서 작명作名이 그리 간단한 일이 아니며 뜻글자인 한자를 써서 좋은 이름을 지을 필요가 있다. 설사 이름의 뜻을 모르는 사람이 그 이름을 부르더라도 이름에 붙은 뜻 자체는 변함이 없다. 그래서 우리가 이름을 부르면 결국 이름의 뜻대로 개체를 만들게 된다. 이런 이유로 특히 수행자들에게는 자신에게 걸맞은 좋은 법호法號가 필요하며 이런 법호를 자신도 사용하고 남들도 그렇게 부르면 그 이름대로 체가 되는 것이다.

그런데 **나무묘법연화경**을 부르는 것은 이름 부르는 것과는 반대로 부처님의 위신력으로써 우리를 부처로 만드는 폭이 된다.

요즘 고운 이름 짓기라 하여 한글로 된 이름을 짓는 경우가 많은데 이런 류의 이름 짓기는 뜻보다 그저 발음이 예쁜 것만 찾기에 많은 문제가 초래된다.

예를 들어 여자 아이의 이름이 잔디라면 이게 과연 좋은 이름일까? 잔디는 뭇사람들이 밟는 게 원칙이다. 글쎄 자기 자식이 그렇게 짓밟히는 게 좋다는 것인가?

또 별처럼 빛난다는 식의 이름도 제법 많다. 하지만 별은 죽어서 가는 곳이라는 이미지를 갖고 있고 밤하늘에 빛나려면 빨리 죽는 수밖에 없으니 이런 류의 이름들로 인한 폐해를 어찌 다 열거하랴. 이렇기 때문에 이름을 잘 지어야 하는데 그저 부모의 과욕으로 이름을 지으니 큰 문제다.

노래 부르는 것도 마찬가지니 슬픈 노래를 좋아하면 반드시 자신이 슬프게 되고 활발한 노래를 좋아하면 자신도 활달히 세상을 살아간다. 특히 가수로서 노래를 히트 치려면 스스로 노래와 합일이 되어 그 기분이 되어야 듣는 이들로부터 잘 부른다는 소리를 듣는다. 그러니 외로워 외로워 못 살겠어요라고 노래하면 저절로 외로움이 만들어지니 결국 이혼하여 그렇게 되는 수밖에 없다. 의심스럽다면 한두 가지 노래로 히트한 가수들의 행적을 살펴보라. 이 점은 일반인들도 마찬가지니 십팔 번이라 하여 한 가지 노래만 부르면 그 노래의 가사와 이미지대로 자신의 길을 걷는다.

이래서 노래도 잘 선택하여 불러야 한다. 사실 활달한 행진곡풍의 노래를 부르는 것이 가장 좋다. 이런 까닭에 노래가 다소 유치하기는 하지만 아아 대한민국을 줄창 불러대면 다 애국자가 된다. 이런 면에서 요즘 청소년들의 노래와 춤은 그저 왈왈대며 반항적이니 이를 보고 듣고 즐기는 아이들이 전부 반항적 기질로 바뀌는 것이 조금도 이상하지 않다.

마찬가지로 불교 수행에서 진언眞言을 하고 주문을 외우는 이유가 여기에 있다. 옴마니반메훔을 하면 자신이 그렇게 된다.

이같이 습관화된 의식은 당장 현실로 다가오니 **나무묘법연화경**을 독송하면 반드시 즉신성불한다.

잊지 말라. 묘법연화경은 본인의 이해와 상관없이 중생체를 바꾼다.

여래의 법문을 들을 줄 알아라

여래의 법문法門은 도처에 있다. 그저 말하고 글로 쓴 것이 법문이 아니다.

자동차 소리, 새 소리, 바람 소리, 물 소리, 개 짓는 소리 등도 여래의 법문이다. 기차의 브레이크 밟는 소리도 법문이다. 혹자는 인위적인 소리가 어째서 여래의 법문이냐고 묻겠지만 이는 변화된 자연의 소리일 뿐이다.

이러한 여래의 법문을 들을 줄 알아야 한다. 보통 사람은 못 듣지만 각자覺者는 듣는다.

어디 여래의 법문이 소리뿐이랴. 길가의 돌멩이 하나, 낙엽 한 잎도 법문이다. 우리가 몸으로 느끼는 것도 법문이다. 밤낮이 바뀌고 춘하추동이 순환하는 것 등 모든 것이 법문이다. 그렇기 때문에 단지 강연하고 설하는 것만 법문으로 이해하는 수준으로는 어렵다.

남이 잘못을 저지르는 것을 보고 나는 저러지 말아야지 하면 남의 잘못이 법문이요 옆집의 부부 싸움을 보고 우리는 그러지 말아야지 하면 싸우는 부부가 보살행을 하는 것이다. 또 사이좋게 의지하며 걸어가는 노부부를 보며 나도 장차 저렇게 되어야지 하면 그 노부부가 보살행을 하는 것이다. 속 썩이는 자식으로 인하여 내 마음을 넓히는 수행 과정에 들어가 그 마음을 일으켜 다시 자식을 가르치니 이 세상 모든 것은 나의 스승 아님이 하나도 없다.

이를 두고 행주좌와어묵동정行住坐臥語默動靜이라 하니 이를 하는 사람은 이미 각자覺者고 부처다. 하물며 남이 잘못을 저지름을 보고 그 잘못의 핵核이 공空한 것을 보고 중도中道를 보며 남이 싸우는 소리를 듣고 그 소리의 적멸寂滅함을 관觀하는 사람이랴. 이 사람은 이미 완벽한 부처이리라.

기실 우리의 인생은 그 자체가 수행이다. 인생이란 수행장에 나온 이유가 스스로 마음 훈련을 해서 진화하려는 것인데 사람들은 이러한 근본적인 사실을 모르고 계속 육도만 전전한다.

자신을 고생시키는 사람에게 고마움을 모르는 것은 중생의 생멸심으로써 대립하기 때문이다. 자식이 속을 썩이고 말을 듣지 않는다고 포기하면 절대 안 된다. 내쳐버리고 다시는 안 보려

115

는 것은 공부를 포기하는 격이니 이는 인생이란 수업장에서 숙제를 하지 않으려는 것과 같다.

속 썩이는 자식을 제도함을 두고 이르기를 환화幻化같은 중생을 제도한다고 한다. 환화라 함은 속 썩이는 자식 자체가 이미 완벽한 부처라는 것이다. 이러한 환화 중생을 제도하는 것은 스스로 부처가 되는 연습을 하는 것이다.

그러나 일반 수행자들조차 이런 생각이 없다. 모르면서 덮어놓고 수행하기 때문에 빨리 올라올 수 없지만 알면 얼마든지 앞당긴다. 모르더라도 알려는 습성을 자꾸 들이면 결국 실상지에 자연히 들어간다.

두 가지를 잘라라

무념無念이란 생각이 없는 멍청한 상태를 의미하지 않는다. 마찬가지로 무심無心 또한 마음이 없음이 아니다. 정녕코 마음이 없으려면 송장이 되어야 하리라.

무는 물론 없음이다. 그러나 하나도 없음을 뜻하는 것이 아니고 무념의 무란 두 가지가 없음을 뜻한다.

무엇이 두 가지인가?

두 가지란 인간들의 분별을 말하는 것이니 흰 것을 보고 희다고 함은 검정이 바탕이며 밉다는 표현은 예쁨에 비교한 것이니 이렇게 견주어 상대적으로 판단하는 것이 바로 '두 가지'다.

따라서 무란 두 가지로 나누는 분별심이 없는 상태며 양변兩邊을 떠난 상태다. 이와 같이 두 변이 차단되면 무가 되며 무의 상태에서 념念 즉 생각이란 실천적 행을 능동적으로 일으켜 한 변이 차단된 다른 변을 비추어야 한다. 이때 무에서 생각을 일으키기 때문에 생각을 일으키는 체는 존재하지 않는다.

결국 무념이란 공가중의 중도실상을 표현하는 말이다. 그리고 무념이 내적인 표현이라면 이를 외적으로 나타낸 표현이 바로 무상無常이니 기실 무념과 무상은 같은 것이며 모두가 실상을 표현하는 말들이다. 따라서 이런 말들을 있다 없다하는 중생심으로 판단하려는 것은 지극히 우매한 짓이다.

중생의 생각은 분별심에서 비롯되며 어딘가에 의지하지 않고는 표현하지 못한다. 분별심에서 생각이 일어나기에 우리의 생각을 표현한 말과 글은 전부 반대를 전제로 한다.

예를 들어 '저 스님이 깨쳤다더라'고 표현하면 이미 그 스님은 못 깨친 것이다. 왜냐하면 못 깨침이 전제라야 비로소 깨쳤다고 말할 수 있기에 그러하다. 따라서 깨친 스님은 못 깨친 스님이다.

이런 면에서 중생은 자유를 상실한 체다. 또 그러한 체에서 나오는 일체 모든 생각은 속박된 생각에 불과하다. 항상 상대적으로 생각하고 의지하지 않는 생각이 없기 때문이다.

의지하면 법이 아니다. 자유로워야 법이다.

자유롭지 못한 사람들은 항상 변견을 요구한다. 예를 들어 움직임과 정지停止는 본시 동일하다. 왜냐하면 정지라는 것은 움직임을 움직임으로써 움직이는 물체를 움직이지 않게 하려는 움직임이기에 그러하다. 이런 말을 들으면 아마도 거의 모든 사람들이 황당해하며 그렇다면 '움직이라'는 말이 도대체 움직이라는 것이냐 움직이지 말라는 것이냐고 반문할 것이다. 이를 두고 변견을 요구한다고 하는 것이다.

참선방에 흔히 붙어 있는 문구지만 본래 참선은 정중동靜中動이어야 한다. 겉보기에 정靜일지라도 그 내용의 핵심은 여실히 살아 움직여야 한다. 그저 고요히 있는 것이 참선이 아니다. 반대로 태극권은 동중정動中靜이다. 한순간이라도 끊이지 않고 움직이지만 그 내용은 고요히 움직이지 않아야 한다. 그렇기 때문에 어느 한 변만 보고 추구하면 절대 성취하지 못한다.

그런데 작금에는 말이 너무 많고 사람들도 제정신이 아니라 심지어 상황에 전혀 맞지도 않는 상반된 두 가지 결론 중 하나를 택하라는 식으로 떼쓰기 잘하니 가르치기가 심히 어렵다.

이를테면 영양실조인 사람에게 밥을 먹이면 당장 정상으로 회복된다. 이는 아주 당연한 사실이다. 그런데 이 사람이 하는 말을 들어보면 '사탕을 먹으면 기운이 돌아 밥을 먹을 수 있지만 충치가 생길지 모르니 먹기 싫습니다. 하지만 사탕을 먹지 않으면 충치는 안 생기겠지만 기운을 잃고 죽을 것이니 먹지 않을 수도 없습니다. 어찌 하오리까?' 이와 같이 난데없이 사탕을 들먹이며 이가 나빠지기도 싫고 죽기도 싫으니 어떻게 하라는 질문에는 대체 무슨 대답이 약일까? 이런 말도 안 되는 질문을 할 수 있는 바탕은 지식이니 그저 몽둥이로 들입다 패서 밥을 먹일 수밖에 없다.

사탕을 먹느냐 마느냐는 질문이자 동시에 해답은 둘 다 틀리면서 둘 다 맞다. 사탕에 국한하면 그렇다. 그렇지만 애당초 말도 안 되는 질문에다 결론까지 다 알면서 또 답도 아닌 것 중에서 하나를 고르라고 요구하며 어느 것을 선택하든 잘못 가르쳐 주었다고 즉각 반박할 준비만 하고 있으니 어떻게 말해 주든 만족하지 못한다.

말이 쌓일수록 이런 짓이 우심해진다. 정도 차이는 있지만 사람들은 전부 이 수준을 못 벗어나니 애당초 생각 자체가 유무라는 분별심에서 출발했기 때문이다.

그리고 만일 양자택일을 하여 어느 하나를 선택했다면 즉시 다른 하나는 잘라 버리고 잊어야 한다. 그러나 사람들은 나머지 하나를 여전히 머리 속에 두고 있으니 이는 과욕과 집착 때문이다. 이는 사안이 복잡해서가 아니다. 간단한 사안을 스스로 복잡하게 만들고 엮어버리니 푼다면서 평생 꼬기만 하는 격이다. 그냥 내다버리면 간단히 끝날 문제인데 말이다.

변을 여의고 중정을 지켜라

모름지기 수행자라면 취미나 기호를 가져서는 안 되며 그런 사람과 어울리지도 말라는 가르침이 있다. 취미나 기호를 가짐은 귀신에게 홀리는 것이다. 귀신에 홀리면 광인이 되고 만다. 그림에 미치건 음악에 미치건 섹스에 미치건 미쳤다 함은 자아를 상실하고 대상에 딸려간 것이다. 그런데 사람들은 그 광기를 보고 동화되어 잘한다고 환호하니 이같이 나 자신이 귀신에 보조를 맞추면 내게도 즉시 귀신이 덤빈다. 따라서 무엇이든 재미있다 싶어 따라가면 반드시 신이 나게 되니 어떤 경우에도 자아가 살아 있어야 함을 잊지 말라.

자아가 살아있는 일상 생활을 영위함을 두고 생활선이라 하거니와 생활선의 마음 자세는 항상 중정中正을 지켜야 한다. 중정 역시 중도로 가는 방법이지만 단지 어느 한쪽에 치우치지 않고 중간에 머무는 것이 중정이 아니다. 중정이란 변邊을 여읨이다. 유위든 무위든, 좋다든 나쁘다든, 밝음이든 어둠이든 이

121

를 여의어야 한다. 그렇다 하여 유위와 무위를 구별하여 행하지 말라는 것도 아니요 좋다 나쁘다는 판단을 하지 말라는 것도 아니다. 다만 어느 변이든 매이지 말고 여의면 된다.

이것이 바로 육조 혜능이 확립한 선종의 종지다. 수행자에게 양변을 여의게 하는 방법으로 혜능은 다음과 같은 방법을 사용하고 있다. 예를 들어 수행자가 '무명無明이 무엇입니까?' 하고 질문하면 무명의 반대인 지혜를 들어 대답하니 '지혜가 인이 되어 무명이 연이 되니 지혜가 소멸하면 무명도 사라진다'고 대답한다. 즉 한 변을 물으면 다른 변이 있기에 그 변이 나옴을 이야기하여 한꺼번에 두 변을 제거하는 것이다. 이런 방식으로 깨침을 즉석에서 전하는 가르침이 선종의 종지지만 후학들은 이조차 변견으로써 받아들여 변견으로 전하니 올라오는 사람이 드문 것이다.

이런 점에서 일반 불교에서 금과옥조로 생각하는 공 자체는 실상이 아니라 다만 변견일 뿐이다. 물론 실상에는 공이 포함되지만 실상에서 바라보는 공은 변견으로서 공이 아닌 여실한 공이기에 가관과 중도관에 입각하지 않은 공은 그 역시 분별심에 의한 공에 불과하다. 그러나 이런 모든 이야기들은 위에서 아래를 내려다보는 위치에서 하는 말이니 아래에서 위로 올라오려는 수행자들이 이 모든 것을 직접적으로 이해하기는 어렵다. 그렇기 때문에 방편수행이 필요하고 아무리 하찮은 방편법이라도 하찮게 취급할 수 없지만 불법에서 가르치는 목적을 모른 채 방편 수행을 하면 방편 자체에 떨어져 헤어나지 못하는 우를 범하기 쉽다.

예를 들어 소위 공법이나 실상법을 닦아 체득하려면 저 밑의 호흡 관 위파사나를 해야 한다. 그러나 내가 이것을 해야지 하고 매달려 이루려 하면 사도가 되는 것이니 다만 조도로써 이용하되 이용한다는 생각도 없이 저절로 이용되고 있으면 그것이 정도며 중정이다.

일반인으로 사회생활을 하면서 수행을 적극적으로 하는 한 가지 방법은 남의 자아에 자신을 합치는 것이다. 이를테면 누가 상을 받았다면 같이 기뻐하고 남의 잘못된 일에는 같이 안타까워 하라. 이렇게 남을 배려하는 마음을 가진 사람은 그저 묵묵히 살아갈 뿐이다.

나는 남들처럼 피아노도 못 치고 돈도 못 벌고 하니 정말 별 볼일 없음을 자인한다고 뇌까리는 사람들의 문제는 남에게 드러내고 싶은 자아가 있다는 점이다. 왜 꼭 내가 피아노를 잘 쳐야 하는가? 피아노는 잘 칠 줄 아는 사람이 치면 되는 것이다. 소위 깨쳤다는 사람들 가운데 일반인들이 무언가에 대하여 물으면 나는 아는 것이 없다고 하는 사람이 있다. 얼른 보기에는 자신을 낮추는 것 같지만 천만의 말씀이다. 드러내고 싶은 자아가 있을 뿐이고 기실 깨치지도 못한 사람이다. 진정 깨친 사람이라면 드러나지 않는 가운데 그저 상황에 응할 뿐이다.

중도를 모르면 불법을 알지 못한다

법화문에 들어오는 기본 바탕은 중도실상이며 묘법연화경 자체가 바로 중도의 핵이다.

사실상 화엄이든 천태지자든 선종 사상이든 어느 것이나 다 똑같이 수행자를 중도로 향하게 하며 중도 차원에서 부처의 가르침을 내비춘다. 그렇기 때문에 만약 중도를 모른다면 무슨 말을 하고 무슨 행을 보이든 그는 불법이 아니다. 따라서 중도에 들어오지 못한 아라한의 멸도는 참된 멸도가 아니다.

모든 부처님의 설법은 중도실상을 바탕으로 한다. 기실 모든 부처님의 법은 일상일미一相一味지만 다만 근기에 따라 즉 듣는 사람에 따라 어찌 받아들이냐가 다를 뿐이다.

그래서 부처님은 중도로써 사제법을 설했지만 하근기들은 중도를 빼버리고 다만 사제법의 글자에만 매달려 바로 소승 무

124

리가 되어버린다. 분명히 부처님은 올바른 길을 제시했지만 근기가 낮은 무리는 이를 알아채지 못한다.

이런 면에서 아라한들 중 지혜제일이라는 사리불의 아둔함이 여실히 드러난다. 왜냐하면 부처님은 분명히 올바른 길을 제시했건만 사리불 등은 올바른 길을 스스로 버렸기 때문이다. 그렇지만 부처님은 이를 알고도 그저 '오냐 오냐. 너희들 가는 길이 옳다'고 할 뿐이니 그마저도 떨어지면 영영 불도에서 거리가 멀어질까봐 걱정되었기 때문이다.

더구나 이런 아둔한 무리가 머리를 짜내 열반이 어쩌고저쩌고 떠들며 자기들이 상상해서 만든 부처를 두고 이게 석가모니불이라고 하지만 어떻게 정의하든 그것들은 아예 열반도 아니고 부처도 아니다.

물론 소승 무리는 자신들이 만든 부처를 참부처로 알며 석가모니도 이런 헛된 짓을 다 알고 있지만 짐짓 다 맞다고 하는 것이다. 만일 아니라고 부정하거나 틀렸다고 나무라면 근원부터 아예 불법 근처에도 오지 않을 테니 말이다. 그러니 부처님이 오죽 속이 타고 썩었겠는가?

노자를 다시 본다

노자를 배우자

도덕경道德經에 나타난 노자老子의 무위無爲 사상을 불법과 비교하면 노자 사상은 불교 방편법의 극極이라 할 수 있다. 즉 노자 사상과 부처님의 방편법은 일맥상통하며 노자의 무위 사상은 근본적으로 불교의 공空 사상과 다름이 없다.

그런데 특히 노자는 진아眞我를 찾고 무위자재無爲自在를 강조하지만 동시에 나태懶怠하지 말라고 가르치니 이같이 가장 적극적인 행동 양식을 가르치는 면은 감탄할 만하다.

따라서 불교 수행자로서 아함이든 방등이든 반야든 방편법에 매이면 노자보다 훨씬 못하다고 하겠다. 또 단지 반야까지 수행하는 것이라면 노자와 다를 바 없다.

그런데 거의 모든 수행자들은 일반적으로 공空밖에 아는 것이 없다. 그 다음에 무엇이 있는지 모른다. 그 점에서 노자 사상은 일반 불법보다 상위에 있다고 하겠으며 세간의 불법은 노자 사상보다 훨씬 낮은 수준에서 헤매고 있다고 보면 된다.

불법에서 운위云謂하는 중도사상中道思想은 말로 설명하지 못하며 중생심으로 판단하지 못한다. 부사의 해탈 경계에 가지 못하면 절대 알지 못한다. 그래서 불법에서는 각종 비유설을 하여 방편 가르침을 베푼다. 노자 역시 마찬가지 방법을 사용하는 바 단지 세간에서 일어나는 일에 빗대어 말함이 다를 뿐이다.

노자가 도경道經 하나만 설하지 않고 덕경德經까지 들고 나온 이유는 결국 부처님과 동일한 생각이었다고 하겠다. 즉 도를 죽 이야기하고 보니까 사람들에게 쉽게 전달되지 않을 것 같아서 실천적 행동 양식으로 덕에 대한 이야기를 덧붙인 것이다. 이는 부처님께서 화엄을 설한 후 하근기 중생을 위하여 방편법을 베푼 것과 같은 이치다.

그런데 덕을 설하고 나니 또 사람들이 덕을 도와 별개로 생각할까 우려하여 덕경에서는 오히려 도를 더 강조한다. 이 또한 부처님께서 방편설을 하면서도 내내 일불승에 대한 통로를 열어 두는 것과 같다.

노자의 관점에서 도로 들어가는 행동 양식이 덕이다. 다시 말해 도에 들어가는 방편으로써 덕을 이야기한 것이다. 이런 면에서 기실 노자는 부처다. 부처의 체로써 그 시대 그 상황에 맞도록 방편으로 사람들을 인도한 것이니 단지 상황에 응한 것뿐이다.

노자 사상을 한마디로 표현하면 '무위자연無爲自然의 도道'다.

위爲는 함이니 무위자연이란 함이 없는 자연이다. 즉 그대로 두라는 것이니 작위作爲나 인위人爲를 가하지 말라는 것이다. 인위를 시작하면 곧 부정적 생각에 빠지므로 부정적인 면을 없애려면 애초에 인위를 하지 말아야 한다. 이를테면 귤은 까먹어야 자연스럽지 사과처럼 칼 들고 껍질을 벗기면 이미 부자연스러운 것이다.

노자의 도덕경 주해서註解書는 대여섯 가지가 전해 오며 각 주해서마다 노자 사상을 이해하는 수준이 같지 않다. 그런데 노자 사상을 이해하려면 스스로 노자가 되어야 한다. 이는 부처님께서 설하신 말씀을 이해하려면 스스로 중도실상을 얻어 부처가 되는 수밖에 없는 것과 같다.

따라서 노자 사상의 전모를 수박에 비유하면 수박 껍데기를 보고 수박을 안다고 할 수도 있고 겉껍데기의 푸른 부분을 뚫고 조금 더 들어가 흰 부분을 보고 수박을 안다고 할 수도 있으며 그보다 조금 더 들어가 비로소 붉은 기가 도는 것을 보고 환희에 찰 수도 있다. 그러나 수박을 제대로 알려면 가운데 붉은 부분을 먹어봐야 한다. 따라서 아무리 고명한 학자가 주

131

해를 했더라도 만약 수박의 핵심을 보지 못하고 겉에서만 맴돈다면 무슨 소리를 하든 다 맞는 소리며 동시에 다 틀린 소리다.

노자에 접근하려면 무엇보다 도를 바라보는 관점과 용어들에 대한 이해가 선행되어야 한다. 노자 스스로 도는 이름 붙일 수도 없고 무엇이라 정의하지도 못한다고 하였지만 노자는 도를 상황에 따라 현빈玄牝, 자연自然, 성인聖人, 하나, 나 등으로 표현한다.

특히 '나我'를 주어로 사용하는 문구들이 많은데 이때의 나는 개체로서 나가 아니라 개체가 떨어져 도와 직면한 나인 것이다. 이는 금강경金剛經에서 일체의 상을 배제한 나이기도 하다.

따라서 노자가 '나는 도를 본다'고 할 때 나와 도는 동일한 것이다. 즉 지식 습관 습기 선입견을 몸에 전혀 걸치지 않은 발가벗은 나라는 아주 환한 존재가 중생심으로는 전혀 알 수 없는 도를 직시하는 것이다. 거꾸로 도라는 존재가 나를 직시한다면 도라는 존재는 '다른 내가 나를 본다'고 표현해야 하리라. 따라서 나와 도가 둘 다 도며 동시에 둘 다 내가 되어야 한다. 결국 내가 도를 본다고 할 때 나는 개체로서 특정한 나가 아니다. 나는 누구도 되며 아무도 아니기도 하다.

노자는 다시 나吾라는 개체로서 나我와 도道란 두 존재를 보는

데 여기서 이 개체로서의 나荆는 같은 부류에 속한 우리들을 대표하는 나를 뜻하며 노자는 이 개체로서 나荆를 성인聖人으로 표현한다.

이는 바로 중도 사상이니 공가중의 각 변을 포함하는 중도실상中道實相을 설하는 것이다. 그러나 불교에서는 한술 더 떠 공가중을 관통해 나아가라고 가르치니 이 점에서 노자 사상의 한계를 엿볼 수 있다.

그렇지만 노자의 가르침 역시 부처님의 가르침과 마찬가지로 사람들을 중도로 향하게 하고 중도에 머물게 하여 실상지로 들게 하니 노자도 부처님이다.

제멋대로가 자연이 아니다

노자의 자연은 반드시 도와 연결해야 그 의미를 알게 된다. 즉 도를 말로 정의하기 어렵고 또 도에 대한 개념이 일반인들의 이해를 넘어서는 까닭에 자연이란 용어를 쓰는 것에 불과한 바 자연을 굳이 정의한다면 순리順理나 유용성有用性이라 표현할 수 있을 것이다. 노자의 자연이란 따라서 바로 볼 줄 아는 사람의 기준으로서 표현하자면 만물의 '속성의 흐름대로'라고 해야 할 것이다. 따라서 왼쪽으로 가야 하는 것을 굳이 오른쪽으로 가려는 발상은 자연이 아니다. 예를 들어보자.

한의학 고서에 나오는 태교에 대한 가르침을 보면 잉태된 씨앗을 훌륭히 싹트게 하려면 무엇보다 외부적 변화에 순응하며 마음을 편히 해야 함을 강조한다. 다시 말해서 추우면 따뜻하게 하고 더우면 시원하게 하되 덥다고 인위적인 에어컨 앞에 있지 말고 땀이 흐르면 흐르는 대로 두라는 것이다.

싹이 단지 사람 형상만 취해 나온다고 잘 자라는 게 아니다. 태아의 사지가 멀쩡하더라도 눈에 보이지 않는 요인들이 있기에 아이를 가진 어머니가 자신을 자연에 어긋나게 관리하면 애는 잘못 태어나기 마련이다. 이런 관점에서 가장 중요한 것이 마음 씀씀이다. 항상 고요하고 평온하게 지내야 한다. 이를 지키지 않으면 싹이 바로 트지 못한다. 요컨대 부자연스러운 행위는 하지 말아야 한다.

노자가 말하는 자연은 제멋대로를 의미하지 않는다. 왜냐하면 만물에는 나름의 속성이 있기에 만물의 타고난 속성에 순응하여 살아가는 것이 자연이기 때문이다. 예를 들어 수박은 여름철에 먹는 것이 정상이듯 과일은 제철에 먹어야 제맛이 난다. 온실에서 재배하여 겨울에 수박을 내놓아도 결국 이것은 여름에 먹던 수박이 아니다. 그렇기 때문에 막행막식莫行莫食하며 습기가 이끄는 대로 제멋대로 행동하면 이는 결국 자연이란 이름을 걸고 인위를 행하는 것에 불과하며 귀신노름에 지나지 않는다.

또 한약은 원래 소통시키는 역할만 할 뿐 지엽적으로 아픈 부위를 직접 낫게 하지 않는다. 한방의 관점에서 치료란 인체를 무위자연 상태로 되돌리는 것이다. 일례로 인체의 위는 본래 따뜻해야 하며 이것이 순리다. 그런데 이를 차게 만드는 것은 순리가 아니고 자연에 위배되는 것이다. 이런 면에서 현대 의학에서 자랑하는 항생제 따위는 모두 역리 작용을 할 뿐이니 이런 것들은 약이 아니다.

눈이 붉어지고 눈에 뭐가 생기면 사람들은 덮어놓고 안과에 가지만 눈에 이상이 왜 생겼는지 되짚어볼 줄 알아야 한다. 눈을 찔리지도 않았고 이물질이 들어가지도 않았는데 눈에 문제가 생겼다면 분명히 더 근본적 원인이 있을 것이다. 현대 의학에서는 결막에 균이 침입하여 병변을 일으켰다고 보편화하지만 도대체 지금까지 멀쩡하던 균이 갑작스레 왜 병변을 일으키는가? 한방의 관점에서 보아 만일 흰자위에 문제가 생겼다면 이는 폐가 풍한風寒을 입은 것이니 푸른 색깔의 염증이 생기며 눈이 뻑뻑해진다. 또 혈血이 풍한을 당하면 붉은 반점이 생기고 흰자위에 멍이 들기도 한다. 하지만 지엽적으로 문제가 생긴 눈만 바라보면 이런 이치는 알지 못한다. 그리고 이런 류의 염증 정도는 기실 잠만 실컷 자도 대개 낫는다. 안과에 가서 약 바른다고 쉽게 나을 것 같은가? 물론 결국 낫기야 낫겠지만 그냥 내버려두어도 그 정도는 낫는다. 이를 모르고 사람들은 덮어놓고 뭔가에 매달리려고만 하니 답답하다.

게다가 요즘 사람들은 먹고 마시고 주사를 맞아야만 약인 줄 안다. 그러나 부처님 경전에도 나오듯 말법시대의 대승경전 곧 묘법연화경을 일러 중병을 치유하는 좋은 약이라고 하니 말도 약인 것이다. 마찬가지로 악한 일을 하는 이에게 그를 하지 못하도록 야단치는 것도 약이다. 약은 언제나 자기 주변에 널려 있다.

바탕이 추하면 미를 안다

기준을 세워 사안을 판단하면 모두가 작위作爲니 여기서 말이 생긴다. 그러나 도의 입장에서는 비교하지 않으므로 할 말이 없다.

천하가 다 미美가 미美임을 알지만 이는 악惡일 뿐이고, 선善이 선善임을 알지만 이는 불선不善일 뿐이다. 그러므로 있고 없음이 서로 생기고, 어려움과 쉬움은 서로 이루고, 길고 짧음은 서로 비교되고, 높고 낮음은 서로 기울고 음성音聲은 서로 화和하고, 앞과 뒤는 서로 따른다.

이런 관계로 성인聖人은 무위無爲의 일에 몸을 두고 무언無言의 가르침을 행한다. 만물이 일어나도 막지 않고 생겨도 갖지 않으며, 어떤 일을 해도 의지하지 않고, 공功을 이루어도 거居하지 않는다. 오직 앉지 않으니 이로써 떠나지 않는다.

노자의 이런 가르침은 우리가 가장 착오를 많이 일으키며 살아가는 부분을 적시한 것이다. 아름다움이 아름다움임을 누구나 알지만 아름답다고 했기에 악이 된다. 왜냐하면 아름다움을 말하는 바탕이 추했기에 아름답다고 하는 것이기 때문이다. 마찬가지로 모남은 둥금의 개념을 바탕에 깔기에 나타나는 상대적 표현이다. 그러하기에 착하다고 표현하면 이미 착하지 않다.

노자의 설은 무위자연과 작위를 비교한 것이다. 선이 선임을 아는 것은 억지로 갖다 붙인 것이기에 작위며 이런 작위 때문에 있고 없음이 본래 없는데 있고 없음이 생기고 기준을 세워 비교하니 어려움과 쉬움이 생긴다.

도에 몸을 둔 성인은 모든 사안을 도의 입장에서 바라보니 말을 하지 않는다. 말을 하면 이미 비교한 것이기 때문이다. 즉 말이란 서로 비교되는 개념을 표현하는 도구이기 때문이다. 예를 들어 만일 착하다고 말하면 이미 착하지 않음에 비교한 것이다. 맛있다고 하면 이미 맛없음이 바탕이다. 비교하지 않는 말은 없다.

옥야경玉耶經에 이르기를 아내로서 남편에게 다른 남자의 좋은 점을 얘기해도 그 여자는 지옥행이라고 한다. 왜냐하면 남의 좋은 점을 말한다는 것은 스스로 비교하는 마음이 생긴 것이기에 그렇다.

그러니 말을 말아라. 말은 서로 대비하는데서 생겨나고 형성된 의사 표현 도구다. 중생의 생각은 분별심이다. 그래서 말이 생긴 것이니 말을 하면 이미 틀린 것이다.

따라서 성인은 만물이 생장소멸을 거듭해도 그저 무심히 보고 따를 뿐 거기에 어떤 생각도 가하지 않는다. 설사 생각이 일어나도 마음으로라도 취하려 하지 않는다.

또 무위와 합치된 존재인 성인은 공功을 이루어도 거기에 안주하지 않는다. 본래 갖지 않았으니 떠남이 없으며 원래 그 자리에 앉지 않았으니 일어설 필요가 없는 것이다. 이 말은 우리가 일상 생활에서 뭘 하나 해놓고 떠나는 것을 의미하는 것이 아니다.

낮을수록 도를 얻는다

드러나면 이미 도를 잃은 것이다. 그러나 낮추면 도를 얻는다. 그렇다 해서 낮추기 위해 억지로 낮추면 그는 이미 낮춘 것이 아니다.

노자가 말하는 바 낮을수록 도를 얻게 되니 이는 바로 기독교에서 말하는 '낮은 데로 임하소서'다. 그러나 낮은 데로 임하라는 것이 거지굴에 가라는 것은 물론 아니다. 이를 잘못 이해하면 그대로 지옥행이다.

옛날의 하나를 얻은 자, 하늘은 하나를 얻어서 맑고, 땅은 하나를 얻어서 편안하고, 신은 하나를 얻어서 영靈하고, 골짜기는 하나를 얻어서 차고盈滿, 만물은 하나를 얻어서 생기고, 후왕侯王은 하나를 얻어 천하의 군장君長이 되거니와 그것들이 이것을 이루는 것은 하나다.

하늘이 맑음이 없으면 장차 파열破裂할까 두렵고, 땅이 편안함이 없으면 장차 발동發動할까 두렵고, 신이 영함이 없으면 장차 그칠까 두렵고 골짜기가 참이 없으면 장차 말라버릴까 두렵고, 후왕이 고귀함이 없으면 장차 넘어질까 두렵다.

그러므로 귀한 것은 천한 것으로써 근본을 삼고, 높은 것은 낮은 것으로써 기초를 삼는다. 이리하여 후왕侯王은 자신을 고과불곡孤寡不穀이라 부르거니와 이것은 천한 것으로써 근본을 삼는 것이 아닌가, 그렇지 않은가.

그러므로 자주 칭찬한다면 사실은 칭찬이 없는 것이니, 아름답기 구슬처럼 되려 하지 말고 볼품없는 돌과 같이 될지니.

여기서 후왕侯王은 제후諸侯와 왕王을 뜻하며 고과불곡孤寡不穀이란 고아 과부 종이니 이는 예전에 제후들이 자기를 낮추어 부르는 말이다.

노자를 다소간 이해하는 한 가지 방법은 뒤집어 생각하고 상대적으로 판단하는 것이다. 노자가 비유로써 표현한 말들을 현상적으로 곧이곧대로 해석하면 무슨 소리인지 알기 어렵다.

옛날의 하나를 얻은 자란 도를 얻은 자를 뜻한다. 옛날이라면 지금처럼 식견이 더덕더덕 붙지 않은 때며, 하나는 도다. 도를 굳이 하나라고 표현한 이유는 태고 이래 지금까지 변하지 않은 것이 단 하나 있는 바 그것이 바로 도이기 때문이다.

천하 만물에 이름이 붙으면 그 이름에 상응하는 하나의 도가 존재한다. 만일 도가 깃들지 않으면 제 모습을 갖지 못하고 또 그 작용을 못한다. 즉 하나를 얻지 못하면 반드시 깨진다. 따라서 하늘에 도가 있으면 맑지만 도를 잃으면 파열할까 두렵고 또 땅에 도가 있으면 편안하지만 도를 잃으면 움직일까 두려운 것이다.

노자는 골짜기 곡신谷神 현빈 등의 용어를 자주 사용하는데 이 모두는 음陰을 신령시하여 표현한 낱말들이다. 골짜기나 곡신은 모두 여자의 음부를 나타낸다. 또 현빈이라 함은 괴상한 암컷이란 뜻이다.

이런 용어를 사용한 이유는 잉태하여 생산하는 여성의 속성이 도의 속성과 같기 때문이다. 따라서 골짜기는 만물을 많이 생산하여 풍요로워야 하니 도의 작용이 순조로우면 골짜기는 가득 차야 한다. 따라서 골짜기에 도가 있으면 가득 차고 잃으면 마른다는 것이다.

그런데 하늘이나 땅이나 골짜기는 누구로부터 그 하나를 얻었는가? 바로 도를 얻은 나다. 내가 도를 얻어야 천하 만물에 하나를 줄 수 있으니 바로 내가 하늘이자 땅이요 일체 만물이다. 그리고 이런 이치는 '나는 길이요 진리요 생명이니라'는 기독교의 문구와 상통하는 말이다.

만일 노자의 글에서 하나를 불성으로 바꾸면 노자의 말은 천상천하 일체만물이 개유불성皆有佛性이란 불교의 가르침과 일맥상통하니 하나도 벗어나는 것이 없다.

그리고 노자의 글에서 도를 상실하면 자칫 하늘이 파열할까 두려운 주체는 나지 하늘이 아니다. 따라서 도를 얻지 못하면 내가 두려운 것이지 하늘이 두려운 것이 아니다.

하늘이 얻은 하나나 땅이 얻은 하나나 신이 얻은 하나나 이 모든 하나는 단지 동일한 하나다. 이 하나에 님을 붙이면 바로 하나님이 되니 이는 기독교에서 말하는 하나님이다.

노자는 하나를 즉 도를 얻으려면 천함을 근본 바탕으로 삼아야 한다고 가르치니 이는 도를 얻기 위한 노자의 방편법이라 하겠다. 그런데 일단 천함으로 근본을 삼으면 그로써 그쳐야 하는데 이렇게 낮춤을 내세우거나 칭찬하면 도리어 낮춤을 욕보이는 행위니 결국 하나를 얻지 못한다.

낮추어 하나를 얻으라는 노자의 가르침과 비슷한 표현이 기독교에도 나오니 앞서 언급한 '낮은 데로 임하소서'다.

그런데 기독교를 잘 모르는 사람들은 덮어놓고 낮은 데로 임하

143

소서를 부르짖으며 전도한답시고 빈민촌에 가는데 낮은 데란 쉽게 말해서 단전丹田이지 사회의 소외 계층이 아니다. 따라서 낮은 데로 임한다는 말은 불교의 하심下心 또는 방하착放下着과 오십보백보라 하겠다. 즉 자신을 낮추라는 뜻이다. 그렇다 하여 스스로 일컫기를 '나는 나를 낮추어 소외계층을 찾는다'고 한다면 이런 자는 진실로 자신을 높인 놈이다.

그리고 설사 자기 수준에서 멋대로 해석해서 빈민들을 돕는다 하더라도 스스로 나서 적극적으로 일할 생각이 없는 자들, 게을러 가난한 자들, 남이 가져다 주는 밥만 먹으려는 자들은 조금도 도울 필요가 없다. 만일 낮은 데로 임하소서를 읊조리며 이런 자들을 돕는다면 반드시 더러운 하나놈이 임하리라. 여하간 하나님 역시 어지간히 답답할 것이다.

도는 부드럽고 약하다

도는 만질 수도 없고 나타나지도 않으며 형상도 없고 색도 없다. 있는 듯하지만 없고, 없는 듯하지만 있다. 또 크다 하면 작은 것 같고, 작다 하면 크다. 이와 같이 도는 모든 것에 거슬리지 않고 나서지 않으며 무엇과도 잘 어울린다. 그리하여 노자가 말하노니

복귀復歸한다는 것은 도의 움직임이요, 유약柔弱하다는 것은 도의 작용이니, 천하 만물은 유有에서 생생하며, 유有는 무無에서 생긴다.

원래 자리로 돌아감이 도의 움직임이자 자연의 움직임이니 자연 현상을 아무리 인위로 바꾸어도 그 힘이 다하면 원래의 상태로 되돌아간다.

인간의 과학 문명이 아무리 발달해도 자연의 흐름을 거스르지

못한다. 인간의 좁은 시야로 보아 인간이 자연을 좌지우지하는 것 같지만 이는 도의 작용이 원래 부드럽고 약하기에 겉으로 드러나지 않아 우리가 제대로 인지하지 못할 뿐이다.

그래서 가장 큰 것은 오히려 없는 듯하고 가장 모난 것은 언뜻 모가 없는 것 같으니 이는 본래 도의 작용이 지극히 부드럽기 때문이다.

도의 작용은 유약하며 그것도 지유至柔하다. 사물 중에서 우리가 쉽사리 감지하는 유약은 물이다. 그래서 노자는 도의 속성을 자주 물에 비유하곤 한다.

유가 무에서 생긴다는 말은 진공묘유眞空妙有를 일컬음이요 이는 무를 체득한 반야 수준의 말이다. 또 천하 만물이 유에서 생한다는 말은 아함부 정도에서 말하는 것이다.

없어야 생기며 하나도 없지만 무한히 생성한다. 이것이 진공묘유다. 있으면 절대 생기지 않는다.

또 유약한 것이 도道기에 노자는 말하기를 만일 단단하거나 딱딱하다면 그는 이미 죽은 것이라 한다.

 사람은 날 적에 유약柔弱하고 죽으면 견강堅强하다. 만물 초목
 이 살았을 때는 부드럽고 그것이 죽으면 말라서 딱딱하다.

그러므로 견강한 것은 죽음의 무리, 유약한 것은 삶의 무리다. 이리하여 병기兵器도 강하면 이기지 못하고, 나무도 강하면 곧 꺾인다. 강대한 것은 아래에 있고, 유약한 것은 위에 있다.

기독교에서 자주 들먹이는 말 중에 '마음이 가난한 자가 하늘나라에 간다'는 구절이 있다. 이를 두고 어떤 이가 해석하기를 마음이 가난하다는 것은 나를 필요로 하는 사람들에게 모든 것을 다 내주고도 더 이상 내줄 것이 없을 때 느끼는 가난함을 말하는 것이며 따라서 남을 도우려면 도움 받는 사람과 똑같은 위치가 되어 거기서 시작해야 한다고 말하고 있다.

그러나 이 따위 해석은 정말이지 어불성설이다. 마음이 가난하다는 것은 무한히 내줄 수 있는 가난 즉 풍요한 가난을 말하는 것이지 현상적으로 없는 가난을 말하는 것이 아니다.

불교식으로 말하자면 가난은 곧 실상이며 마음이 가난하라는 말은 곧 실상으로 가라는 가르침이다. 좀 더 수준을 낮추어 쉽게 말하자면 번뇌로 가득 찬 마음은 부유한 마음이며 공에 가까운 마음이 가난한 마음이다.

실상을 현상 세계에서 보면 가장 가난하나 오히려 실상을 증득한 이는 가장 부자로서 항상 풍요롭다. 이는 진공묘유眞空妙有기에 그러하다.

앞서 언급하였지만 방편 수행이란 본디 자신이 만든 씨줄과 날줄을 성기게 또 엷게 만드는 것이며 이것이 바로 마음을 가난하게 하는 것이다. 그리고 또 이것은 노자가 설파한 대로 유약함이 도라는 것이니 이 역시 가난한 마음과 마찬가지 말이다. 이런 것을 모르고 단지 물질적으로 헐벗고 가난한 사람을 돕겠다는 것은 바로 지옥 갈 소리다.

도에 거스르면 응징 당한다

도에 거스르면 또 순리를 벗어나면 무자비하게 응징 당한다. 도를 위배하면 곧바로 작위요 인위가 되기에 궁극적으로 그 폐해는 엄청나게 크다. 그렇기 때문에 인위를 가하면 가할수록 더욱 큰 피해를 입는다. 인위란 단순히 인공물을 의미하지 않는다. 법률이나 제도 등 인간들의 합리적 사고로 만들어 자연상태에 억지로 가하는 일체 행위를 포함한다. 그렇기 때문에 우리가 제아무리 잘하려 해야 도에 어긋나면 처음부터 아니함만 못하다.

언제나 도에 거슬리는 존재가 응징 당할 뿐 도는 스스로 응징을 가하는 존재가 아니다. 따라서 도에 거슬리면 도는 이 모든 것을 수용하여 결국 작위가 없는 상태까지 만든다. 이것이 도의 작용이다. 따라서 도를 위배하면 인간의 눈으로 보아 언뜻 잔인한 결과가 돌아오지만 이는 스스로 작위를 일으켰기에 스스로 당하는 꼴이며 이것이 바로 인과응보다.

일반 수행자들이 걷는 길 역시 작위기에 성취하지 못한다. 예를 들어 탐진치의 삼독심을 버리고 육바라밀을 하라는 가르침을 받아 그대로 한다는 자체가 작위다. 팔정도八正道라 하여 정견正見을 갖고 정어正語를 쓰고 정사유正思惟를 하는 등 스스로 행한다고 생각하는 자체가 작위다.

작위로 하는 수행의 결과는 참담하다. 처음 시작한 위치보다 더 못한 상태로 떨어지기 때문이다. 수행이란 결국 자기를 가로막은 습기의 끈들을 정진력으로 차례차례 잘라버리는 것이다. 그러나 힘이 약하면 끈을 그저 밀치는 것에 지나지 않는다. 그런데 습기의 끈이란 탄력성이 있어 자르지 못하고 밀치기만 하면 고무줄처럼 늘어난다. 하프 줄처럼 나란히 놓인 습기의 끈들을 계속 밀치기만 하면 종국에는 이 모든 줄들이 밀려 하나로 뭉치게 되니 이는 화살을 재서 튕기는 효과를 초래한다. 마지막에 그 끈들이 한꺼번에 모여 뭉친 힘은 굉장히 크다. 작위를 가한 약한 수행을 하면 바로 이 힘에 화살을 재서 되튕기는 격이 되고마니 탄력 때문에 원래 있던 자리보다 더 낮은 자리로 날아간다. 물론 화살이 날아가는 방향은 자기가 민 쪽의 반대 방향이니 결국 제 위치도 찾지 못한다.

나는 평생 보시를 하며 살았다고 하더라도 보시의 개념을 완전히 알지 못하면 아무리 보시해봐야 습기의 끈을 한 번 밀침에 불과하다. 인욕을 한다고 해도 마찬가지다. 완벽한 인욕이 안 되면 그 역시 고무줄 밀치기밖에 되지 않는다.

참선하고나니 마음이 편하고 깨끗해져 좋다는 이들이 있다. 이 역시 습기의 줄들을 잠시 밀친 정도다. 습기의 줄이 잠시 밀려나 새 자리가 드러난 것에 불과하다. 이런 이들이 어떤 계기로 낙심할 일이 생기면 전보다 더욱 낮은 자리로 떨어진다.

예를 들어 보자. 자식을 서울대에 보내려고 부모가 기도를 시작했다. 그런데 자식이 수능시험을 치러 얻은 점수가 100점이라고 하자. 자식이 지방 전문대도 못 간다는 결론을 얻었을 때 이 사람이 취하는 행동은 바로 부처님 원망이니 결국 무당을 찾아 굿풀이를 한다. 바로 이것이 수행으로 습기의 끈을 자르지 못하고 단순히 밀친 사람의 대표적인 행동이다. 이렇게 부처님을 비방하고 불교를 욕하면 처음보다 더 못한 상태로 떨어진다.

그래서 수행의 길로 들어섰다면 확고한 정진력으로 습기의 끈들을 자르며 나아가야 한다. 구도자가 있다면 승속을 막론하고 이 점을 잘 알아야 한다.

그렇다면 어찌해야 하는가? 답이라, 순응하고 되짚어 다시 생각하고 포용하는 마음을 갖지 않으면 그 끈은 절대 끊어지지 않는다. 욕이나 작위로써 들이미는 정진력은 가장 약하다. 자식이 전문대조차 못 간다고 자연에 반항하면 크나큰 화를 입는다.

도란 본시 무자비하며 인정이 없다. 인간의 눈으로 보면 그렇다. 그래서 노자는 다음과 같은 말을 한다.

천지天地는 정情이 없어 만물을 추구芻狗로 삼았고 성인聖人은 정이 없어 백성을 추구로 삼았다. 천지의 사이는 풀무와 같은 것인가. 비었지만 다함이 없고, 움직일수록 더욱 나온다. 그러나 말이 많으면 반드시 막히니 중中을 지키는 것이 좋다.

여기서 추구芻狗란 옛날 중국에서 제사 지낼 때 사용한 풀로 만든 개로서 제사가 끝나면 헌신짝 버리듯 하는 도구다. 천지는 정이 없어 만물을 한 번 쓰고 버리는 풀로 만든 개처럼 취급하고 성인 역시 백성의 생사고락을 보며 조금도 신경 쓰지 않는다. 천지와 성인은 둘 다 도를 뜻함이요 천지와 성인은 인간의 눈으로 보아 정이 없는 것처럼 보인다는 의미다. 즉 천지에서 만물이 생성되지만 남의 일 보듯 내버려두고 성인 역시 백성의 일을 거들떠보지 않는다.

그렇지만 천지와 성인에게 본시 정이 없어서가 아니다. 다만 번뇌가 많고 정도 많은 인간의 욕심에 비추어 정이 없다고 표현한 것이니 정이 없는 것이 아니라 더 온화하고 모나지 않고 비뚤지 않은 큰 정이 도에 실려 있다. 단지 직접적으로 거들면 발전의 계기를 자르는 것이기에 내버려둘 뿐이다.

천지의 사이는 텅 비어 아무 것도 없는 듯하나 헤아릴 수 없이 많은 존재가 쏟아져 나온다. 이는 바로 도의 작용이니 마치 대장간의 풀무를 당겨도 바람이 나오고 밀어도 바람이 나오듯 움직일수록 나온다. 이 말은 바로 진공묘유를 이야기한 것이다.

그러나 만일 이를 설명하려고 말과 글로써 이게 이것이고 저게 저것이라고 판단하면 무조건 틀린 것이다. 그리하여 마땅히 중을 지켜야 하니 이는 중간을 취하라는 것이 아니라 일체를 포용하라는 가르침이다. 정이 없는 천지와 같이 또 정이 없는 성인과 같이 중中을 지켜야 한다.

도가 살아 있어야 이롭다

노자는 도의 속성인 진공묘유를 여러 가지로 설한다.

곡신谷神은 죽지 않으니 이를 현빈玄牝이라 한다. 현빈의 문門
이 바로 천지의 근원이다. 면면綿綿히 있는 듯한데 이를 활용
해도 지치지 않는다.

곡谷은 골짜기니 곡신谷神은 곧 모든 동물의 음부陰部처럼 만물을
잉태하고 생산하는 음푹 들어간 부분이다. 현玄이란 검은 색이
며 검은 색은 모든 색을 다 포함하는 색이다. 따라서 현빈이란
컴컴해서 보이지도 않는데 그 속에서 연신 무엇인가 튀어나오
는 괴상한 암컷牝이니 현빈의 문인 음문陰門이 천지의 근원이다.
현빈의 문에서는 아무리 나왔어도 계속 나온다. 만년 전의 오
이가 지금도 자라듯 눈에 보이는 현상계도 이럴진대 우리 눈
에 보이지 않는 계는 오죽하랴.

그런데 도가 살아 있지 않으면 나타나는 모든 현상은 해로움을 끼칠 뿐이다.

　서른 개의 바퀴살이 한 바퀴통에 꽂혀 있으나 그 바퀴통의 빈 것 때문에 수레의 효용이 있으며, 찰흙을 빚어 그릇을 만드나 그 가운데를 비게 해야 그릇의 용도가 있으며, 문과 창을 뚫어 방을 만드나 그 방 안이 비어 있어야 방으로써 쓸모가 있다. 그러므로 유有로써 이롭게 하는 것은 무無로써 그 용도를 다하기 때문이다.

여기서 무無는 도道, 유有는 인위人爲를 지칭한다. 그저 나타나는 현상인 유로써 이롭게 되는 것이 아니라 도가 살아 있어야 유가 제 할 일을 다하고 목적을 달성하게 되니 노자는 무용無用의 용用을 쉽게 말하고 있다. 그렇기 때문에 정치도 정치인이 도를 세우지 않으면 그 유有인 정치의 결과는 좋은 결과를 맺기 어렵고, 과학 예술 등 모든 사안도 마찬가지다. 도에 입각하지 않기에 무엇이든 하면 할수록 폐단만 생기니 항상 도의 입장에서 생각해야 하리라.

요즘 자주 나타나는 기상이변의 원인으로 엘니뇨 현상을 운운하는 사람들이 많다. 그러나 엘니뇨 현상은 원인이 아니다. 당연한 사실이지만 그것은 결과적 현상일 뿐이다. 보다 현명한 과학자라면 난데없이 왜 지구상에 엘니뇨 현상이 생기게 되었는지 그 근원을 먼저 탐구해야 할 것이다. 그러나 이런 식으로 원인의 원인의 원인을 찾으려 아무리 노력해봐야 인간의 머리로는 한계가 있다.

다만 우리가 사는 지구만으로 시야를 좁히면 엘니뇨 현상 따위가 나타나는 이유는 지구 온도가 올라가는데 있다. 어떤 무모한 과학자들은 심지어 지구가 태양에서 떨어져 나온 후부터 지구가 점점 식어 간다고 주장하기도 하지만 만일 그렇다면 지구는 이미 오래 전부터 빙하 덩어리였을 것이다. 현대인들은 과학이 모든 것을 설명할 수 있다고 착각하지만 기실 어떤 현상이든 현대 과학으로 설명할 수 있는 부분은 극히 미소한 일부일 뿐이다.

지열이 발생하는 이유는 태양의 영향도 있지만 그보다 지구의 자전과 공전 때문이다. 지구의 자전과 공전이 지구 온도를 일정하게 유지시킨다. 벌의 생태를 관찰하면 날씨가 추워지면 벌들이 열심히 날개짓을 하며 벌집 내부의 온도를 올려 애벌레들을 보호한다. 날개짓을 하면 공기와 마찰로 열이 발생하는 것이다. 마찬가지로 진공이라도 운동을 하면 자연히 열이 생긴다. 이같이 지구는 자전과 공전을 하며 열을 발생하여 지온을 유지케 한다.

그런데 왜 지금은 기온이 올라갈까? 공해의 영향도 있겠지만 이는 아마도 위도의 변화 때문이리라. 필자가 예전에 초등학교 다닐 때의 기억을 더듬으면 지구는 지축이 23.5° 기운 채로 자전한다고 배웠다. 하지만 만일 기울어진 것이 제대로 서게 되면 지구는 지금보다 훨씬 잘 돌아가고 또 많이 돌아갈 것이다. 이렇게 되면 지구 자체에 열도 많이 나고 또 힘도 강해진다. 이런 환경이 도래하면 인간들이 현재와 같은 방식으로 살아가기란 매우 어려울 것이다.

팽이를 돌려본 사람이면 누구나 아는 사실이지만 팽이를 돌리면 처음에는 제자리를 찾지 못하고 일단 기울어져 돌다가 어느 순간 일시에 제대로 서 쌩쌩 돌아가는 현상을 보았을 것이다. 기울어져 돌던 것이 바로 서는데는 그리 긴 시간이 필요치 않다.

작위가 없어야 완성된다

도는 스스로 생성하지 않는다. 스스로 하려고 하지 않기에 즉 작위가 없기에 영원하다.

하늘은 영원永遠하고 땅은 구원久遠하다. 천지가 진실로 영원하고 구원한 까닭은 그 스스로 생성하지 않기 때문이다. 그러므로 진실로 영원히 산다. 이런 까닭에 성인은 그 몸을 뒤로 하지만 도리어 몸이 앞서지고, 그 몸을 소외疎外하지만 도리어 몸을 영존永存케 한다. 그 사심이 없기 때문이 아니겠는가. 그러므로 진정한 성인은 그 자아를 이룬다.

도는 스스로 생성하지 않지만 만물이 생긴다. 도에는 만물을 생성하겠다는 사심이 없다. 이와 같이 작위가 없되 무작위의 작위를 행하니 진실로 영원하다. 따라서 도는 이미 오래 되었지만 앞으로도 계속 지속된다.

158

또 도에 합치된 성인은 도체이기에 작위가 없고 작위가 없기에 완성체가 되어 자아를 이룬다. 이는 우리가 생각하듯 자기가 뒤로 빠져 오히려 자기가 드러난다는 말이 아니다. 이 구절은 천지와 성인을 대비하여 같은 말을 두 번 한 것이다.

완성체는 작위가 없기에 만일 도를 열심히 닦다가 깨쳤다고 말하면 말하는 순간 못 깨친 존재로 전락한다.

또 이런 말도 있다.

도道를 도라고 할 수 있는 것은 참도가 아니고, 이름을 이름이라 할 수 있는 것은 참이름이 아니다. 무명無名은 천지天地의 시작이요, 유명有名은 만물의 어머니다. 그러므로 상무常無로써 그 묘妙를 보려 하고, 상유常有로써 그 요徼를 보려 한다. 이 양자兩者는 같은 근본에서 나왔으나 그 이름을 달리한다. 이것을 한 가지로 말할 때 현玄이라 한다. 현하고 현한데, 이는 중묘衆妙의 문門이다.

변견으로 또 선입견으로 판단하여 도는 이런 것이라고 하면 이미 각角이 지어진다. 따라서 도라고 하면 이미 도가 아니다. 이것이다 저것이다 구별하면 무조건 틀린 것이다.

이름 붙여 이것이라고 하면 어떻게 규정하든 변견의 집합이다. 아무리 지식이 많아도 그렇다. 그러니 제일 무식한 사람이 소위 박사라 하겠다. 본질과 상관없이 어느 지엽적 부분 하나를 놓고 요게 무엇이라고 떠들어야 박사란 칭호가 붙으니 말이다. 또 피아노를 전공한다는 사람은 기실 피아노를 가장 못 치는 자다. 왜냐하면 유명有名 즉 이름이 붙었음은 도가 아니기에 그렇다. 피아노만 알면 피아노 치는 기계는 될지언정 피아노의 대가는 되지 못한다. 무엇을 하든 도의 길로 들어가 합하지 않으면 어느 것 하나 성취되지 않는다. 언제나 그에 상응하는 인생관, 사상이 녹아들어 자신의 도道의 언어가 피아노로 나와야 비로소 피아노로 대성하고 궁극적으로 자아 완성에 이른다.

도는 이름이 없으며 이름을 붙일 수조차 없다 그러나 현상세계든 의식세계든 이름을 붙일 수 있는 일체 시공만유時空萬有가 도의 작용이니 유명有名이 만물의 어머니란 것이다. 그러나 이름이 붙으면 그는 참이름이 아니다.

따라서 존재하지 않는常無 도로써 그 깊은 작용妙이 드러나며 존재하는常有 삼라만상이 차별현상徼을 나타낸다.

그런데 상무常無와 상유常有의 근본은 하나지만 유와 무로 구별하여 이름을 달리 하나니 예를 들어 묘법연화경에 나오는 석가모니불이 본신불과 분신불로 나뉘어져 이름이 다르나 들 다 같은 근본에서 나온 것이다.

악법은 법이 아니니 지킬 필요가 없다

물은 만물의 근원이며 물 없이 형성되는 것은 없다. 물은 어둡고 낮은 곳에 있으며 보이지 않는 곳에서 일체 만물을 이롭게 하지만 드러나지 않으니 도에 가깝다. 그래서 노자는 최상의 덕을 물에 비유하였다.

최상의 덕德은 물과 같다. 물은 만물을 이롭게 하여 다투지 않으면서 모든 사람들이 싫어하는 곳에 있다. 그러므로 도에 가깝다. 거처로는 땅을 좋다고 하고, 마음은 깊은 것을 좋다고 하고, 사귀는데는 어진 것을 좋다고 하고, 말은 진실한 것을 좋다고 하고, 정치와 법률은 다스려짐을 좋다고 하고 일에는 능숙한 것을 좋다고 하고, 움직임에는 때에 맞음을 좋다고 한다. 오직 싸우지 않으니 그러므로 허물이 없다.

도는 물과 같을 때 얻는다. 사람들은 항상 위에 드러나기를 바라지만 어둡고 낮은 곳은 싫어한다. 사람들은 자기를 낮추기를

161

싫어한다.

물의 성질은 도에 가깝다. 왜냐하면 만물을 이롭게 하면서도 스스로 드러내지 않고, 분명히 있지만 굳이 있음을 나타내지 않기 때문이다. 그러나 물이 도에 가깝기는 하나 도는 아니다.

물은 낮은 땅을 좋다고 한다. 그러나 사람들은 덮어놓고 위로 기어오르려고만 하고 개성시대니 뭐니 하며 그저 아무 데나 튀느라 바쁘기만 하다. 어진 사람과 상종하면 바보 취급하며 진실한 말을 하면 다 도망가고 외면한다.

정치와 법률은 국민들에 의하여 다스려져야 좋다. 그러나 정치와 법률로 국민을 다스리려 하고 위에서 누르니 악법도 법이니까 준수해야 한다는 억지 말이 나오게 된다.

본시 악惡이란 사통팔달四通八達하며 걸림 없으려는亞 마음心이니 억지로 그렇게 하려는 마음이 바로 악惡이다. 즉 작위作爲는 악이다. 따라서 스스로 옳다고 생각하면 바로 악에 떨어진다. 또 선善이란 입口으로 양羊을 키움을 의미하니 이는 번뇌로써 생산적인 일을 하는 것이기에 착함이 된다. 즉 먹고 말할 때 사용하는 입이란 본래 번뇌심의 대표적인 도구지만 번뇌를 떠나서 성취는 없다.

그렇기 때문에 악법의 준수란 처음부터 말도 안 된다. 더구나 누구를 위해 법을 만드는지 생각해보면 악법도 준수하라는 것이 전혀 말도 안됨을 쉽게 알리라. 따라서 악법은 누구도 지킬 필요가 없다.

사실상 일체의 법조문은 차라리 없는 것이 더 낫다. 모든 법이 폐지되면 처음에는 혼란스럽겠지만 종국에는 도道로 돌아간다.

법에 길들여진 사회에서 갑자기 교통법이 사라지고 교통 순경이 거리에 없으면 당장 교통대란이 일어날 것이다. 그렇더라도 흐름에 맡겨 두라. 처음에는 한 발자국도 못 움직이겠지만 그 와중에 나름의 규칙과 질서가 즉시 다시 생기기 마련이다. 이렇게 생성된 규범은 절대적이 되니 누구도 위반하면 사회에서 살 수 없게 되며 결국 모든 것이 잘 소통된다.

법이 없어지면 얼핏 폭력이 난무하고 힘센 놈만 살 것 같지만 약한 사람들이 곧 힘을 합해 그러지 못하도록 제재하게 되니 누구나 반드시 따라야 할 관습법과 사회법이 생겨남은 필연이다. 이렇게 되면 구차하고 구질구질한 법조문과 상관없는 자연의 규칙이 생긴다.

원래 법률가란 가장 기계적이고 주변을 돌아볼 줄 모르는 머리 구조를 갖고 있다. 항상 자신들이 만든 법조문에 매여 오로지 결과만 보고 처벌하려드니 오히려 가해자가 피해자가 되는 경우가 비일비재다. 현 세태를 돌아볼 때 과연 법이 사회 정의를 실현한다고 믿을 사람이 어디 있겠는가? 오히려 법 때문에 국민들이 법을 믿지 않고 법을 신뢰하지 않겠다는 생각을 일으킬 뿐이다.

정치하겠다고 나서는 놈은 많지만 마음 바탕이 전부 도적이고 사기꾼이니 앞에 나서지 옳은 놈이라면 왜 나오겠는가? 정치가들이 노상 내거는 슬로건대로 국민의 머슴이 되어야 하고 다스려짐을 좋다 해야 하는데 지금까지 단 한 번이라도 머슴 된 놈이 있으면 나와 보라.

일체 법률은 오직 사람을 구속하고 귀찮게 할 뿐 도무지 사람을 편하게 하지 않는다. 일제의 잔습이기는 하나 우리나라의 법은 항상 제재를 위한 것밖에 없다. 국민을 이롭게 한답시고 만드는 새로운 법마다 만드는 족족 사람들을 구속할 뿐 도무지 다중을 편하게 하는 법이 없다. 좋은 법이 많이 제정되어 좋다는 멍청이도 있겠으나 다스리는 법은 없을수록 좋다. 우리나라에 다스려지는 법은 존재하지 않는다.

노자의 말로 다시 돌아가자. 뒷부분의 말들을 요즘 식으로 풀면 이렇게 말할 수 있으리라.

때에 맞아야 하나 오직 결과만 보며, 능숙하면 일을 하지 않는다 하고, 언제나 싸우고 투쟁할 생각 뿐이니 무엇을 하든 하면 할수록 항상 허물만 남긴다.

과학 문명이 발전하여 살기 좋은 세상이 왔다지만 길거리를 지나는 사람들을 보면 모두 양미간을 주름잡아 찌푸린 얼굴뿐이니 도대체 즐겁게 웃으며 지나다니는 사람이 어디 있다는 말이냐?

소위 문명의 이기라는 것들은 만들어낼수록 그 폐해가 이로움의 천 배, 만 배가 넘는다. 이런 것들에 혹하는 것은 스스로 자기 발목을 묶고 가려는 것과 다름없으며 결국 스트레스 투성이의 인생이 된다.

웃기지 않는 것은 도가 아니다

대도大道란 오히려 너무 쉬워 사람들이 믿지 않는다. 일반인들이 대도에 대한 이야기를 들으면 아마도 대뜸 웃긴다고 말할 것이다. 이런 이유 때문에 하근기들에게는 아무리 **나무묘법연화경**을 독송하라고 말해도 믿는 사람이 없는 것이리니.

상사上士는 도를 들으면 힘써 이를 행하고, 중사中士는 도를 들으면 반신반의하고, 하사下士는 도를 들으면 크게 웃는다. 허나 웃기지 않는 것은 도라고 할 것이 못 된다.

그래서 격언에 이런 것이 있다. 밝은 도는 어두운 것 같고, 전진하는 도는 물러가는 것 같고, 평탄한 도는 울퉁불퉁한 것 같고, 상덕上德은 텅 빈 골짜기 같고, 가장 결백한 것은 오욕汚辱처럼 보이고, 광대한 덕은 부족한 것 같으며, 확립된 덕은 임시변통 같고, 질박한 덕은 변통하는 것 같으며, 크게 모난 것은 모서리가 없고, 큰 그릇은 늦게 이루어지고, 큰 음은 소리가 희미하고, 큰 형상을 가진 자는 아무 형태가 없다. 그래서 도는 숨겨져 무어라 이름 붙일 수 없다. 대저 도는 아낌없이 베풀고 또 만물을 성취시킨다.

으뜸가는 선비는 도를 들으면 '아하 그렇구나!'하며 수긍하고 즉시 행하지만 수준이 낮은 선비는 비웃는다. 따라서 하사下士를 웃기지 않는 도는 참도가 아니다.

하사로서는 도저히 도를 볼 능력이 없기에 그러하다. 그러나 하사만 해도 괜찮다. 왜냐하면 도를 듣고 웃을 수 있으니 그도 선택받은 사람이기 때문이다. 그래서 하사에도 선비 사士를 붙인다. 하지만 세간의 보통 사람들은 하사 밑이니 그나마 도를 듣고 웃어댈 기회도 없다.

우주를 날아가며 고막이 터질 정도로 큰 우주의 소리를 들어본 적이 있는가? 한 차원 더 깊게 들어가 하프를 타는 것 같은 아름답고 현묘한 음향을 들은 적이 있는가?

세간 사람들은 이런 것을 모른다. 기껏해야 '내 귀에는 안 들리는데? 인간이 자연을 다 정복하는 세상인데 자연에 무슨 힘이 있어? 자연이 주는 혜택이 도대체 뭐냐?'고 큰소리만 칠 것이다. 이런 사람은 하사도 못 된다.

무릇 자신의 마음이 괴로우면 모든 사물과 현상이 다 괴로움을 당하는 것으로 보이고 자신의 마음이 즐거우면 삼라만상이 다 희열하는 것으로 보인다. 그러나 이래서는 도의 문에 들어서지도 못한다.

도는 신信 즉 믿음으로 대하는 것이다.

비로자나불毘盧遮那佛은 모든 것을 다 깨닫고 난 뒤 '기이하고 기이하도다. 모든 만물은 그대로 완벽한 부처이거늘 어찌하여 그를 알지 못하고 고통을 당하는가?' 하였고 현자는 이 세상 모든 소리를 부처님 법문法門으로 듣고 깨달으며 모든 형상을 부처님의 자태로 본다. 이와 같이 스스로 부처임을 믿고 삼라만상 모두가 부처의 자태임을 믿으면 바로 비로자나불이 되며 현자가 된다.

승가에서는 때로 혜능의 귤이 더 나으냐 달마의 귤이 더 나으냐고 말을 붙이지만 혜능의 귤이든 달마의 귤이든 어차피 사람이 분별한 것이다. 그리고 어느 귤의 씨앗을 심든 똑같은 귤이 생산됨을 알아야 한다. 바로 이것이 비로자나불이 성불했을 때 본 중생으로서 씨앗은 다 똑같다.

이 점에서 수행자들에게 재삼재사 강조하고 싶은 이야기가 있다. 예를 들어 누가 태극권을 하고 있다고 하자. 그런데 이 사람이 잘하건 못하건 무조건 좋게 보면 그렇게 보는 사람이 발전한다. 반대로 시원치 않다고 평한다면 그렇게 비평한 사람은 절대 발전하지 못한다. 그렇기 때문에 제대로 보려면 믿음으로 들어가서 남이 아무리 못하더라도 '저게 굉장한 거로구나' 하며 잘한다고 믿으면 내가 발전하지만 그와 반대로 '저까짓 게 뭔인가'하면 내가 절대 발전하지 못한다.

마찬가지로 아프리카 토속춤이 아무리 우스꽝스러울지라도 그 춤이 만들어진 당시 그 상황으로 자신을 합일하면 다 좋게 보이는 것이다. 이같이 자아가 살아 대상에 합치하는 방법이 도에 속히 이르는 길이다. 그렇기 때문에 내가 자유로워지려면 먼저 남을 풀어 주어야 한다는 사실을 절대 잊지 말라. 남을 속박하겠다는 욕심을 부리면 항상 거기에 내가 먼저 속박되는 법이다. 이같은 수행 자세를 항상 염두에 두라.

잃지 않으려 하면 반드시 잃는다

치매癡呆의 원인은 욕慾에 있다. 재물욕 명예욕 과시욕 등 도에 지나친, 자신의 그릇에 넘치는 욕심을 부리면 반드시 치매가 초래된다. 특히 마음이 순리를 따르지 않으며 작은 기쁨에 만족하지 못하는 사람은 이미 제정신을 잃은 사람이다. 반면에 도에 합하는 사람에게는 치매가 없다.

세칭 유명인사들 중에 나이 들어 치매에 이르는 사람이 많다. 사회 저명인사다 보니 남들의 시선을 의식해서 속마음과 달리 덕을 겉으로 드러내고 잃지 않으려 죽을 고생을 하니 뇌세포는 저절로 반작용을 한다. 순작용을 해야 제정신을 유지하는데 반작용을 계속하니 스스로 헷갈려 치매가 되는 것이다. 더구나 나이 들면 모든 생명활동이 원활치 않으니 치매가 더욱 드러날 뿐이다.

희다고 말하는 것은 바탕이 검정이기에 그러하다. 착함은 악함에 빗대야 착함이 드러난다. 이는 밤이 되어야 달이 밝은 것과 같다. 낮에도 밝은 달이 있던가?

그러니 선한 일을 한다며 자만하고 명예욕에 가득 차 보기 좋은 것을 지나치게 바라고 욕심내고 갈구하니 결국 스스로는 어둠과 부족함으로 체가 가득 차게 된다.

어떠한 작위도 지나치면 바로 자신의 몸을 망친다. 설사 작위라도 도와 합하면 걸리지 않지만 도와 거리가 머니 피할 길이 없다.

이런 면에서 아무리 귀여운 자식이라도 절대 너무 귀여워 말라. 자식을 귀히 대우하면 그 반작용으로 애들은 비리비리해진다. 밖에서 놀다 피 흘리며 집에 돌아와도 신경 쓰지 말아라. 애들은 던져 놓으면 오히려 건강해진다.

다시 노자의 다음 말을 보라.

천하에 도가 있으면 군령軍令을 전하는 말을 민간에게 주어 논밭을 경작하게 하고, 천하에 도가 없으면 군마軍馬가 들판에서 새끼를 낳게 된다. 재앙은 만족함을 알지 못하는 것보다 더 큰 것이 없고, 허물은 얻으려 욕심내는 것보다 더 큰 것이 없다. 그러므로 족함을 아는 것에 만족하면 항상 만족하다.

이는 도의 작용을 말함이니 도가 있으면 삼라만상이 제자리를 찾아 모든 것이 본래의 상태로 돌아가니 편안하다. 그렇지 못하면 군마가 벌판에서 새끼를 낳는 지경에 이르니 참으로 비참하다.

군령을 전하는 말은 첫 번째 공격 목표가 되니 적군에게 화살 세례를 받는다. 생명을 걸고 달려도 어차피 전장에서 죽을 확률이 매우 높다. 그런데 금방 새끼를 낳아 피를 흘렸으니 몸이 상해 잘 달리지 못한다. 또 갓 낳은 새끼는 어찌 되겠는가? 젖 먹을 새가 없으니 당연히 죽는다. 결국 파멸이 온다.

도를 따르지 않고 온갖 유위 인위 작위로써 모든 것을 하는 때가 전시다. 도에 적응한 평시라면 말을 일반 백성에게 주어 농사일을 거들게 하지만 군마라 함은 이미 도에 적응하는 상태가 아니다. 그런데 소위 발달된 문명, 진보된 생각, 잘한다는 제도들이 난무하는 현시대가 바로 군마가 들판에서 새끼를 낳는 시대다. 군마란 바로 현대인들이다. 순리대로 하는 것은 보이지 않고 온통 역리만 판치니 여기가 바로 전쟁터다.

편리한 생활을 위해 만들었다는 도구가 과연 얼마나 사람들을 행복하고 풍요롭게 만드는지 스스로 살펴 보라. 시계는 과연 편리한가? 물론 현재 시간을 쉽게 알 수 있다는 점은 과거 시계가 없던 시대에 비해 참 편리해 보인다. 그런데 시계 때문에 사람들 성질이 얼마나 조급해졌는가? 옛날 같으면 하루가 열

두 개의 시로 나뉘어졌으니 오시午時에 만나자고 즉 오전 11 시
에서 오후 1 시 사이에 만나자고 약속해도 두 시간의 여유가
있고 또 태양의 위치를 보고 시간을 대충 짐작하니 상대방이
오시가 덜 되어 나타나건 더 되어 나타나건 화낼 일이 없다.
설사 두 시간을 기다려도 화낼 이유가 없는 것이다. 이런 상황
에서 사는 사람들의 마음은 자연히 여유 있고 너그러우며 너
그러운 만큼 생활이 풍요로워지는데 지금은 일분일초를 따지
니 다급하고 여유가 없고 조바심 나서 못 견딘다.

텔레비전은 또 어떤가? 편리성이야 누구나 아는 것이지만 일
례로 화면에 함부로 떠오르는 낯뜨거운 장면들로 인하여 자극
받아 인생 망치는 청소년이 어디 한둘인가?

전화 역시 일상생활에 없어서는 안될 도구지만 전화로 인하여
시달림 받는 등 피해가 더 크다. 그리고 피차 알아서 득될 일
이 없는 상황이 더 많다. 아예 전화를 받지 않고 모르는 것이
더 편할 때도 많다.

선진국 대열에 들어서겠다며 흙집 다 때려부수고 시멘트 콘크
리트 빌딩을 산지사방에 지었지만 시멘트가 그냥 있는 게 아
니다. 시멘트는 존재하는 한 온갖 가스를 다 방출한다. 이런 가
스는 결국 방 안에서 활동하는 사람들의 호흡기로 들어와 오
장육부에 쌓인다. 그러나 흙먼지는 다르다. 흙먼지가 코로, 입
으로 들어가면 몸에 더 좋다.

자동차 역시 이동의 편리성은 있다. 그러나 자동차에서 배출하는 유독 가스 때문에 폐가 망가지고 몸이 망가지니 그 폐해는 이루 열거할 수 없다. 게다가 누구나 다 가지려 하니 도로에서 제대로 움직이지도 못한다. 공해나 사고 이외에도 자동차 관련 비리 부정 부패는 얼마나 많은가?

기실 편리하려고 가한 인위의 유용성은 낮다. 그렇기 때문에 만족을 모르고 제자리에 앉지 못하고 계속 밖으로 나돌면 도를 지키지 못한다. 항상 도에 머물러 편안히 있어야 한다.

이런 말도 있다.

지속적으로 이를 채우려 하면 이를 그만두는 것보다 못하며, 갈아서 이를 날카롭게 하면 오래 보전하지 못한다. 금金과 옥玉이 집에 가득하여도 이를 지키지 못하며, 부귀하여 교만하면 스스로 그 허물을 남긴다. 공功을 세우고 스스로 물러나는 것은 하늘의 도리다.

채우는 것은 모든 유위有爲를 말한다. 유위가 도에 지나치면 반드시 탈이 생긴다.

사람이 음식을 먹어도 위장은 약 20 여분 정도는 반응하지 않는다. 이 사이에는 얼마를 먹더라도 위는 찬 줄 모른다. 따라서 지속적으로 조금씩 음식을 넣어 주면 먹은 양이 얼마 되지 않아도 만복감을 느낀다. 그래서 빨리 먹는 사람은 많이 먹게 되고 천천히 먹는 사람은 저절로 소식이 되며 더 이상은 저절로 못 먹는다. 그런데 만복감을 느낀 후에도 지속적으로 계속 채우려 하면 반드시 탈이 생기니 이는 그릇이 넘치고 깨지기 때문이다. 따라서 적당히 먹고 그만 두는 것만 못하다.

사람들이 도를 지키지 못하는 이유는 스스로 생각하기에 더 좋아 보이는 것을 찾으러 집을 나가기 때문이다. 그러나 금옥은 자신에게 있다. 자기 집에 있는 자아를 보지 못하고 주인이 집을 나가 쏘다니니 집 지킬 사람이 없다. 이래서 자기 집의 금옥을 도적 맞는 것이 바로 현대인들이니 자아를 상실하고 타아가 지배하는 똘아이 인생을 살아간다.

요즘 부자들은 대개 남의 것을 훔치기 바쁘지만 먹을 것 안 먹고, 쓸 것 안 쓰고 한 푼 두 푼 모아 부자가 된 겸손한 사람이 있다고 하자. 이 사람은 허물이 없을까? 유감스럽게도 이 사람은 자연에 위배된 생활을 한 것이니 허물도 아주 큰 허물이 있다. 즉 배고파도 안 먹고 쓰고 싶어도 참고 추워도 옷을 사 입지 않았으니 이는 도와 거리가 먼 삶이다. 이렇게 인생을 살면 눈에 보이든 보이지 않든 반드시 허물이 남는다. 이렇게 살다 죽으면 한스러운 생에 불과하다. 이런 이들은 특히 나중에 죽지 않으려 발버둥치며 별 해괴한 짓을 다하니 편안함과 거리가 멀다.

도둑질과 사기질로 남을 속여 돈을 모은 사람은 자기가 남의 속을 썩인 만큼 반드시 그 자식이 본인의 속을 썩이게 되어 있다. 자식이 무슨 짓을 하든 항상 하는 일마다 나자빠지고 남에게 사기 당해 말아먹고 부모로서 이게 보기 싫어 집에 족쇄 채워 가두면 비실비실 중병 드니 이는 자연의 철칙이다.

노자의 말 중 마지막에 '공功을 세우고 스스로 물러나는 것은 하늘의 도리다'는 구절은 삼국지에도 인용되는 바 사람들이 그 의미를 현상적으로 잘못 이해하곤 한다. 물론 그런 해석이 전혀 아닌 것은 아니로되 다만 여기서는 도가 모든 공功이 있게 하되 표면에 하나도 드러나지 않고 없어지는 것을 말한다.

노자는 도를 여러 측면에서 이야기하고 있으니 이를테면 말은 뛰게 하여, 새는 날갯짓을 하게 하여, 물고기는 헤엄치게 하여 도에 접근토록 한다. 여러 주해서에서 도덕경의 내용을 일상생활에 연관시켜 사람들이 따라야 할 실제적인 행을 말했다고 하나 이는 도를 잘못 이해한 것이다. 그렇기 때문에 위정자들이 나라를 위하여 공을 세우고 물러남이 어쩌고저쩌고하지만 이는 전혀 아니올시다!

무위에 머물러 통찰력을 키워라

노자가 내내 강조하는 말은 무위에 머물러 순리를 따르라는 것이다. 인위나 작위가 가해지면 이미 도에서 멀다.

천하의 지유至柔는 천하의 지견至堅을 마음대로 구사하고, 형태가 없는 것은 틈새가 없는 데까지 들어간다. 그러므로 나는 무위無爲가 유익하다는 것을 안다. 말없는 가르침과 무위의 이로움, 천하에 이것을 당할 자는 거의 없다.

유는 부드럽고 견은 단단함이니 가장 부드러움이 가장 강한 것을 마음대로 구사한다. 아무리 딱딱한 것도 부드러움을 당하지 못한다. 부드러움의 극은 물이다. 물은 만물을 좌지우지하는 힘을 갖고 있다. 아무리 단단한 바위라도 물은 육안으로 보아 없는 듯한 틈새까지 뚫고 들어간다. 그리고 물에는 일정 형태가 없기에 어떤 형태로도 변화한다. 그게 무위다. 그렇다고 말을 하면 이미 유위가 되어 무위에서 벗어나기에 말없는 가

177

르침으로 무위를 설한다.

또 이런 말도 있다.

남을 아는 자는 지혜롭고, 스스로를 아는 자는 현명하며, 남을 이기는 자는 힘이 있고, 스스로를 이기는 자는 강하며, 족足함을 아는 자는 부유하고, 힘써 행하는 자는 뜻이 있고, 그 자리를 잃지 않는 자는 영구永久하고, 죽어도 망하지 않는 자는 장수長壽한다.

이런 이치를 세상 사람들이 마음에 새겨 행하면 얼마나 좋겠는가. 남과 나의 능력을 알아 잘 대처하는 사람은 현명하고, 정신적으로 자타를 이기는 사람은 강력하며, 스스로 족함을 알면 가난해도 부유하다. 뜻을 세웠으면 행하고 우직하게 지속하니 이 사람의 사상은 후대에도 계속 이어지리라.

뜻이 없는 자는 힘써 행하지 않는다. 조그만 일에 낙심하여 하던 일을 금방 그만두면 영구하지 못하다. 이러면 사회의 구성원으로서 제 역할을 하지 못한다.

남을 보고 비교하지 말라. 사람마다 생긴 모습이 죄다 다르듯 각자 이 세상에 나와 맡은 역할 또한 다 다르다.

문을 나오지 않아도 천하를 알고, 들창으로 엿보지 않아도 천도天道를 본다. 나가는 범위가 멀수록 알게 되는 범위가 작아진다. 그래서 무위자연의 성인은 가지 않아도 알고, 보지 않아도 환하고, 하노라 하지 않아도 이루어진다.

지엽적으로 어떤 것을 알려고 자꾸 나가지 말라. 가지와 잎을 알려고 튀어나가지 말라. 능숙한 어부는 그물을 던져 그물의 한 끈만 채봐도 고기가 얼마나 잡혔는지 감지한다. 마찬가지로 도에 머무르면 모든 사안을 일일이 지엽적인 현장까지 가지 않아도 안다. 나가면 모른다. 총체적으로 보고 능히 통찰해야 하는데 나뭇잎 하나를 쪼개고 분석하다 보면 잎도 모르고 가지도 모르고 줄기도 모르니 결국 아무 것도 모르게 된다.

비슷한 말로 다음과 같은 것도 있다.

　소소小를 보는 것을 명明이라 하고, 유柔를 지키는 것을 강強이라 한다.

적게 판단해서 보는 것을 밝음이라 즉 명철하다고 한다. 이는 사물을 좁혀 본다는 말이 아니고 생각을 적게 하라는 것이다. 거꾸로 생각을 많이 하여 지식으로 판단하면 어둡다. 또 내가 부드러움을 지닌 것이 강한 것이지 꽥꽥대는 것이 강함이 아니다.

다음과 같은 말들도 재미있다.

지자불언知者不言 언자부지言者不知
아는 사람은 말하지 않고 말하는 사람은 알지 못한다.

지불지상知不知上 부지지병不知知病
알면서도 알지 못한다고 하는 것이 최상이고 알지 못하면서도 안다고 하는 것이 병이다.

왜 알면서도 알지 못한다고 하는가? 이는 묻는 사람이 어차피 알지 못함을 알기에 묻는 사람의 위치에서 모른다고 대답하는 것이다. 특히 깨쳤다고 어떤 면을 보이면 사람들은 곧 말과 문자와 현상에 의지하니 말해줄 수 없는 것이다. 또 안다고 하는 사람치고 정말 아는 사람은 없다.

진실로 선비인 자는 사납지 않으며, 정말로 잘 싸우는 자는 화내지 않으며, 진실로 적을 이기는 자는 맞붙지 않으며, 사람을 잘 부리는 자는 그의 아래가 된다. 이것을 부쟁不爭의 덕이라 하며, 이것을 남의 힘을 잘 활용하는 것이라 하며, 이것을 천도天道에 합한다 하거니와 옛날의 지극한 도다.

부쟁의 덕이란 다투고 싸우지 않는 덕이다. 진실로 상대방을 굴복시키려면 싸워서는 안된다. 화합해야 한다. 그래서 남을 배려하는 마음이 절실하다.

다음과 같은 문구도 깊이 음미할 만하다.

진실眞實한 말은 아름답지 않고, 아름다운 말은 진실하지 않다. 선한 자는 달변이 아니고, 달변인 자는 선하지 않으며, 지식知識이 있는 자는 박학博學하지 않으며, 박학인 자는 지식이 없다. 성인은 축적蓄積하지 않으며, 이미 남을 위하므로 자기는 더욱 여유가 있으며, 이미 남에게 주므로 자기는 더욱 많아진다. 하늘의 도는 이롭게 할 뿐 해하지 않으며, 성인의 도는 남을 위할 뿐 싸우지 않는다.

예란 최하의 덕목이다

노자가 설하기를 예란 본시 가장 낮은 덕이라 하니 현대를 사는 우리에게 시사하는 바가 자못 크다.

상덕上德은 덕이라 하지 않는지라 그러므로 덕이 있으며, 하덕下德은 덕을 잃지 않으려 하는지라 덕이 없다. 상덕은 무위無爲이므로 작위作爲가 없으며, 하덕은 유위有爲이므로 작위가 있다. 상인上仁은 유위지만 그러나 작위가 없으며, 상의上義는 유위며 그러므로 작위가 있다. 상례上禮는 유위인데, 이에 응應함이 없으면 곧 팔을 휘두르면서 이에 대든다.

그러므로 도를 잃은 후에 덕이 있고, 덕을 잃은 후에 인이 있고, 인을 잃은 후에 의가 있고, 의를 잃은 후에 예가 있다. 대저 예란 것은 충신이 박薄해진 것이며 분란의 시작이다. 전식前識은 도의 열매를 맺지 못하는 꽃이며 어리석음의 시초다. 그런 관계로 대장부는 그 증후重厚한 곳에 처하지 그

천박한 곳에 처하지 않으며, 그 착실한 곳에 처하지 그 부화浮華한 곳에 처하지 아니한다. 그러므로 저것을 버리고 이것을 취한다.

가장 큰 덕은 덕이라 하지 않는다. 따라서 덕이라 이름 붙으면 이미 덕이 아니다. 일례로 어떤 사람을 두고 '저 사람은 덕이 있다'고 칭찬한다면 그는 이미 덕을 상실하여 덕이 없는 사람이다. 또 어느 정치가가 있어 '나는 덕으로 나라를 다스리겠다'고 하면 이는 하덕이며 하덕을 내세우면 이미 사기꾼이다.

진정 덕이 있는 이가 베푸는 덕행이라면 오히려 남에게 우습게 보이며 별 것 아닌 것 같지만 그 와중에 무위의 덕을 베푸는 것이 진정한 덕행이다.

산하대지山河大地 일월성신日月星辰을 포함한 일체 자연은 우리에게 큰 혜택을 주고 큰 덕을 베풀지만 이를 알고 살아가는 사람은 없다. 또 불교의 가르침 속에 면면히 흐르는 부처님의 덕은 더구나 인지조차 못하고 살아가는 것이 현실이다.

공자孔子 사상에 나타나는 덕은 덕을 잃지 않으려는 덕이기에 전부 유위有爲에 불과하니 진정한 덕이 아니다. 더구나 노자의 안목에서 공자가 강조하는 예는 최하의 덕목에 불과하다. 즉 상례上禮는 가장 극진한 예지만 결국 유위기에 자기가 상례를 갖추었더라도 남이 받아 주지 않거나 무시하면 즉시 팔을 휘

두르며 덤빈다. 노자의 이런 표현은 참으로 멋진 표현이다.

그리고 부모에게 효를 해라, 나라에 충성을 해라 등과 같이 노자의 관점에서 최하덕最下德인 예를 강조해야 하는 세상이면 이미 좋은 세상이 아니다. 이는 떨어질 때까지 떨어진 세상이다. 그러나 지금은 최하례最下禮조차 있는지 없는지 알지 못하는 세상이니 그나마 예를 강조하지 않을 수도 없다.

도道가 살아 있다면 구차하게 덕이나 인, 의, 예를 거론할 필요가 없다.

도를 닦지 않고, 도가 있는 줄 모르고 또 도를 받을 만한 근기가 못 되어 도를 팽개친 후에 찾는 것이 덕이다. 세상이 포악해져 덕조차 찾을 수 없는 상황에서는 어짊을 찾는다. 그러나 인仁마저 잃은 후에 세상이 더욱 나빠져 똥오줌 못 가리고 옳고 그름 없이 막된 세상이라면 의義 즉 옳음을 찾게 되는데 정의를 부르짖는다 함은 바로 아수라행을 하는 것이다. 그리고 이 모든 덕목을 다 잃은 후 예가 나타난다. 예란 본시 자기방어의 적극적인 수단이지만 지금은 이도 하지 않는다.

우리는 일상생활에서 피차 예의 지키는 것을 강조하지만 의리가 있는 사이라면 굳이 예의를 따질 필요가 없다. 흔히 밤중에 남의 집을 찾아가면 실례라고 하지만 아주 격의 없고 믿는 사이라면 설사 남의 부부가 자는 방에 기어 들어온다더라도 문제될 것이 없다. 그렇기 때문에 서로 허물없다면서도 예의를 찾는다면 이미 허물이 많은 것이다.

또 피차 어진 사람들이라면 구차하게 의리를 들먹이지 않는다. 마찬가지로 이미 덕을 갖춘 사람들이라면 어설프게 인의예 등을 따지지 않는다.

그런데 예가 비록 최하의 덕목에 불과하지만 유가儒家에서는 극진한 예를 다하면 결국 도로 이어진다고 말한다. 이 말도 틀린 것은 아니다.

특히 효 하나만이라도 열심히 행하면 반드시 도를 얻는다. 세간에서 보더라도 명예도 얻고 돈도 벌어 좋은 집에서 살고 싶다면 정성껏 노부모님께 효도해보라. 무엇보다 즉시 아픈 곳이 없어지고 건강해진다. 또한 자식들도 절대 빗나가지 않는다. 아이들에게 뭘 해라 마라 할 필요가 없다.

요즘 집을 나가 탈선하는 아이들이 많지만 이는 자신들이 노부모에게 효도하지 않은 정신이 아이들에게 전달된 결과다. 머리 속 가득히 사기 치고 한탕하고 도둑질할 생각만 하니 자식 교육이 제대로 되겠는가?

그리고 자신이 나이가 들어 편안하고 안온한 죽음을 맞고 싶은 사람은 재빨리 부모에게 효를 해야 한다. 아직도 늦은 것은 아니다.

어느 스님이 선사를 찾아가 '부처가 무엇입니까?' 하고 물으니 선사 왈 '지금 이 길로 너의 집에 가면 신발도 신지 않고 너를 맞이하는 사람이 있을 테니 바로 그 사람이 부처니라'고 하였다. 이 스님 생각에 정말 부처님이 집에 오셨나 싶어 즉시 집에 돌아가니 그를 본 어머니가 맨발로 뛰어나와 반겼다. 이 스님이 이를 보고 크게 깨달았으니 효는 만행의 기본이다.

부처님도 재가신도에게 효를 강조하였다. 부처님께서 이르되, '너희 집에 부처님이 두 분 계시니 한 분은 아버지란 이름의 부처님이요 다른 한 분은 어머니란 이름의 부처님이다. 이 두 부처님을 잘 모셔야 그 복보福報를 네가 받는다.'고 하였다.

복전福田이라 함은 복의 씨앗을 뿌리는 밭이다. 복전 중의 으뜸은 불법승 삼보에 보시하는 것이고 그 두 번째가 부모에게 효도하는 것이다. 다른 이들에게 베풀고 보시하는 것은 한참 밑바닥의 복전이니 불쌍한 사람들을 도와주었다 해야 별 볼일 없다. 따라서 부모에게는 지극한 효를 다해야 하며 또한 부모가 자식을 대할 때는 항상 욕심 없는 진실된 마음이 바탕이 되어야 한다. 작위가 있으면 절대 올바른 결과가 초래되지 않는다.

이와 같이 효는 단순히 효로 끝나는 것이 아니며 반드시 도로 이어지니 일상 생활에서 예만 잘 지켜도 예가 예로 끝나지 않고 궁극적으로 도에 합한다.

또 노자의 경구 중에 다음과 같은 것이 있다.

> 대도大道가 없어지면 인의仁義가 있고, 지혜가 나오니 대위大僞
> 가 있고, 가족이 화和하지 않아 효孝와 사랑이 있고, 국가가
> 혼란하여 충신이 있다.

즉 사람이 대도에서 멀어지면 인과 의를 강조하게 된다. 따라
서 인의를 강조하는 세상은 이미 대도가 무너진 세상이니 대
도가 없기에 인의를 찾아 의지하려 한다. 그에 따라 명철한 지
혜가 나와 크게 속임이 있으니 여기서 지혜는 불지혜가 아닌
세간지로서 이를테면 꾀라고 보면 된다.

또 가족이 화합하지 않으니 효를 강조한다. 가족간 사랑을 강
조한다면 그 가족은 이미 끝난 가족이다. 기독교에서 이웃을
사랑하라고 했지만 이는 이미 사랑이 없는 세상이니 사랑하라
는 것이다. 사랑을 찾는 세상은 서로 원수의 세상이다. 그러니
사랑을 강조할 밖에.

마찬가지로 충신은 국가가 안온할 때 드러나지 않는다. 인의예
지신이나 사랑 효 충성 등의 유위를 운운하는 세상은 이미 도
가 깨진 세상이다. 깨졌기에 자꾸 작위를 생성한다. 그러나 인
위적으로 무얼 만들어보고자 하나 갈수록 힘들다.

왜 묘법연화경이 아니면 안 되는가

부처님은 왜 이 세상에 나오셨는가

도대체 석가모니 부처님은 왜 이 세상에 출현하셨고 또 우리들에게 무엇을 가르치려고 굳이 하열한 인간의 몸을 받아 이 세상에 나오셨는가?

이 근본적 질문에 대한 답은 특히 석탄일釋誕日에 즈음하여 발표되는 법문마다 언급되고 있고 또 이미 수많은 불교 서적들과 수많은 스님들의 법문에도 나타나는 바 석가모니 부처님은 오직 일대사인연—大事因緣을 위하여 이 세상에 출현한 것이며 일대사인연으로 인하여 중생을 구제키 위하여 이 세상에 나온 것이다.

일대사인연이란 문구는 부처님의 출현 이유로써 수많은 스님들이 한결같이 읊조리는 문구며 아함 방등 반야 수준의 제반 방편 경전에서도 이 문구를 찾아볼 수 있다.

그렇다면 일대사인연이란 구체적으로 무엇인가? 이에 대해서는 오직 묘법연화경에서만 그 내용을 찾을 수 있으니 묘법연화경 방편품方便品을 보면 다음과 같은 대목이 있다.

사리불이여 이와 같은 법어法語는 여래가 아무 때나 설하지 않느니라. 마치 만발한 우담발화를 아무 때나 보지 못하듯 사리불이여 여래 또한 아무 때나 이와 같은 법어를 설하지 않느니라. 나를 믿을지니 사리불이여 내 말은 진실眞實이요 내 말은 성실誠實하며 내 말은 정직正直하니라. 여래의 묘법은 들어도 이해하기 어렵나니 사리불이여 왜냐하면 나는 법을 연설할 때 서로 다른 논의와 인연과 비유 등 백천의 갖가지 방편을 쓰기 때문이니라. 사리불이여 이 법은 도리道理를 따져 알지 못하며 사량思量 분별分別로는 감당치 못하나니 그러하기에 반드시 여래에게 배워야 하느니라. 왜냐하면 사리불이여 **여래가 세상에 출현함은 오직 하나의 일을 위함이요 오직 하나의 뜻을 위함이요 참으로 큰 일을 위함이요 큰 뜻을 위함인 까닭이니라.** 그렇다면 세상에 출현하는 여래의 저 오직 하나의 일이자 저 오직 하나의 뜻이자 저 큰 일이자 저 큰 뜻이란 무엇이겠는가. 여래는 일체 중생에게 여래지견如來知見을 보이고자 세상에 출현하며 여래지견을 보도록 중생의 눈을 뜨게 하고자 여래가 세상에 출현하느니라. 사리불이여 이것이 바로 여래가 세상에 출현하는 오직 하나의 일이요 오직 하나의 뜻이요 오직 하나의 본회本懷니라. 사리불이여 여래의 오직 하나의 일이자 오직 하나의 뜻이자 큰 일이자 큰 뜻이란 그와 같으니라. 또한 이 일은 여래가 아니면 이루지 못하나니 왜냐하면 사리불이여 바로 내가 일체 중생에게 여래지견을 보이며 바로 내가 여래지견을 보도록 중생의 눈을 뜨게 하며 바로 내가 여래지혜如來智慧의 교의教義를 견고히 세우며 바로 내가 여래지혜의 교의를 정도正道로 인도引導하는 까닭이니라.

위에서 굵게 표시한 부분을 한마디로 표현하여 일대사인연 즉 '하나의 큰 일 인연'이라 하는데, 구체적으로 말하자면 부처님이 세상에 출현하는 까닭은 일체 중생에게 여래지견如來知見을 보이고자 함이며 또 여래지견을 보도록 중생의 눈을 뜨게 하려는 것이다. 그를 위하여 여래지혜如來智慧의 교의를 견고히 세우고 또 여래지혜의 교의를 정도로 인도한다는 것이다.

그렇다면 묻노니 일대사인연을 가능케 하는 부처님의 가르침은 도대체 무엇인가? 답이라, 이는 부처님에서 마지막으로 설하신 묘법연화경妙法蓮華經 그 오직 하나 뿐이다.

그런데 이런 사실을 알아챌 만한 사람들이 과연 몇이나 될까? 선지식善智識들이 일컫기를 상법시대에도 만 명에 하나 둘 있을까 말까라 하였으니 특히 견탁見濁으로 전도된 현 말법시대에는 이를 알 사람이 거의 전무全無하다고 하겠다.

앞서 인용한 방편품의 내용 중 다음 구절을 되뇌어보라.

여래의 묘법은 들어도 이해하기 어렵나니 …

인간의 머리가 제아무리 똑똑하다고 하더라도 인간의 탈을 쓴 우리 모두는 중생 범주에 들어가며 따라서 우리의 중생심으로 부처님의 심중을 헤아리고 묘법연화경을 완전히 이해하겠다는 것은 아예 말이 되지 않는다. 따라서 합리적이고 객관적인 사고를 자랑하는 현대인의 머리로는 묘법연화경을 이해하려고 덤비면 덤빌수록 더 모르게 될 뿐이다.

그렇다면 현시대에서는 이러한 사실을 알아챌 만한 사람조차 없는데 대체 이 책은 누구를 위하여 쓰는 것인가? 감히 말하거니와 그 없는 사람을 위하여 이 말들을 하는 것이다. 즉 이 책에서 설파한 모든 내용은 그 없는 사람을 위한 것이지 일반 대중을 위하지 않는다. 다시 말해 알아듣는 사람이 어느 계界에 들어가 있든 오직 그들만을 위한 것이지 알아듣지 못하는 사람들을 위한 것이 아님을 거듭 밝혀 둔다.

여하간 부처님께서 이 세상에 출현하신 근본 목적은 중생 구제를 위해서고 일체 중생을 구제키 위한 구체적 내용이 일대사인연이며 일대사인연을 이루는 구체적 방법이 묘법연화경이다. 그리고 묘법연화경을 지니면 바로 성불하는 바 **나무묘법연화경** 한마디를 하면 즉신성불卽身成佛하는 것이다.

물론 부처님께서는 묘법연화경을 설하시기 이전에 하열한 근기들을 궁극적인 불법 즉 묘법연화경으로 인도하기 위하여 아함부터 시작하여 반야에 이르기까지 수많은 방편법을 베풀었지만 이러한 방편법을 베푼 궁극적인 이유는 종국에 가서 **나무묘법연화경**을 독송하라는 것이다.

이 점을 잊지 말라. 방편법은 궁극의 법에 이르는 사다리 역할만 할 뿐 방편법의 가르침에 매이면 성불하지 못한다. 방편법에 멈추면 수없는 겁을 닦아도 성불은커녕 아라한도 되기 힘들다. 오직 묘법연화경을 만나야 완전한 성불에 이른다.

그런데도 이를 모르는 일반 불교에서는 노상 일대사인연으로 중생을 구제하기 위하여 석가모니 부처님께서 이 세상에 나오셨다고 말은 하면서도 대중에게 가르치는 방법은 항상 다른 것을 찾으니 안타까운 노릇이다. 이를테면 지장보살에게 기도해라, 나무아미타불을 해라 식으로 대중을 가르치니 이로써는 중생이 궁극적으로 구제되지 못한다. 물론 자비심으로 보면 저열한 근기들에게 요구하는 이런 방법이 완전히 나쁘다고 말하지야 못하지만 스님들 자체가 대중과 오십보백보 수준이니 한심한 것이다.

그래서 부처님께서는 열반시에 자신이 설한 다른 모든 경전이나 가르침에서 '나는 아무 소리도 안 했다'고 말씀하시는 것이다. 석가모니 부처님도 얼마나 한스러웠겠는가? 묘법연화경을 설하기 위하여 또 그를 알아들을 만한 근기를 만들고 올라오도록 하기 위하여 수십 년간 일체 방편법을 베풀어 중생에게 보이고 가르쳤는데 중생은 그를 모르고 오로지 방편법에만 매달리니 한탄이 나올 수밖에 없는 것이다. 그래서 이런 것들이 잘못 전달될까봐 안타까운 나머지 '나는 아무 소리도, 아무 말도 안 했다'는 것이다.

부처님께서 열반경을 설하신 이유가 여기에 있다. 기실 묘법연화경을 설한 것으로써 이미 모든 것을 다 마치셨음에도 불구하고 중생이 또 헷갈려 멍청이짓을 할까 우려하여 아함부터 시작하여 다시 처음부터 끝까지 밝혀 설하신 것이 열반경이다. 생각해보라. 만일 중생에게 방편 수행을 가르쳐 단지 중도실상에 머무르게 함이 부처님의 목적이었다면 부처님의 설법 자체가 화엄 반야에서 그쳤어야지 왜 법화가 필요했겠는가? 부처님도 어지간히 심심하고 딱히 할 일이 없어 그랬다고 생각하는가? 이는 상식적인 문제다.

불지견佛知見에서 보자면 경전마다 수준 차이가 있다. 어떤 경에서는 이렇게 하면 안락함을 얻으리라고 하고 또 다른 경에서는 이렇게 하면 해탈을 얻으리라, 이렇게 하면 열반을 얻으리라, 이렇게 하면 어떤 인연으로 성불하리라 등으로 가르치며 이런 식으로 경전에서 가르치는 수준이 점점 올라갈수록 성불에 가까워진다는 표현이 자주 나타난다. 그러나 이렇게 하면 곧바로 성불하리라 또는 바로 성불수기授記를 준다는 표현은 오직 묘법연화경에만 나올 뿐 어떤 다른 경전에도 없다.

부처님은 묘법연화경을 설하시며
왜 만족하셨는가

묘법연화경 방편품方便品을 보면 다음과 같은 대목이 나온다.

어찌해야 일체 중생이 나와 똑같이
삼십이상三十二相으로 장엄하고
자연히 광명光明을
온 세간에 비추게 할까 하느니라
또한 스스로 생각하고 사유思惟하되
언제 내 소원이 만족되고
내 맹세가 성취되어
내가 더는 불지혜를
드러내지 않아도 될까 하느니라
⋮
이제 나는 망설임 없이

기쁘게 또 두려움 없이
불자 대중 가운데서 묘법을 설함으로써
저들을 일깨워 불도佛道에 들게 하였노라

이 굵게 표시한 대목을 간단히 말하자면 석가모니 부처님께서는 묘법연화경을 설함으로써 일체 중생을 성불시키려는 본래서원을 이미 만족히 이루었다는 것이다.

이는 일반 세인世人이나 범인凡人의 경지로는 전혀 헤아리지 못할 소리다. 왜냐하면 이들의 소견으로는 아무리 눈을 씻고 찾아보아도 성불한 것처럼 보이는 사람은 만날 수 없기 때문이다. 또 지난 과거세를 아무리 돌이켜 보아도 아무도 성불한 것 같지 않기 때문이다.

그런데도 왜 부처님께서는 '묘법을 설함으로써 저들을 일깨워 불도에 들게 하였노라'고 하시는가?

사변상事邊上의 예를 들어 설명하겠다. 본인은 통계학을 교단에서 가르치고 있으며 어떤 종교도 믿지 않지만 인연이 있어 꿈에서 묘법연화경을 접하게 되었고 또 꿈에서 들은 대로 **나무 묘법연화경**을 독송하면 즉신성불함을 믿고 행하고 있다.

그런데 이때 한 가지 명심해야 할 사실은 내가 묘법연화경을 잠시라도 대했고 한 구절이라도 듣고 읽어보았다는 것이 중요하지 묘법연화경을 내가 믿고 안 믿고는 실상 전혀 중요하지 않다. 기실 믿지 않아도 좋은 것이다.

왜냐하면 내가 사바세계에 나와 인간의 껍질을 쓰고 있는 이상 어차피 중생의 체를 벗지는 못하는 것이며 따라서 내가 믿고 안 믿고는 그 자체가 중생의 생멸심에서 비롯된 것이기에, 다시 말해서 내가 묘법연화경을 믿는다고 우기든 아니라고 하든 그 모두가 중생으로서 생각인 것이기에 믿는다는 내 생각 자체는 별 쓸모가 없다.

다만 일체 중생을 성불시키려는 부처의 도구로써 사바세계에 태어나 묘법연화경의 바다에 잠시라도 잠겼다 나가게 되면 본인이 바라든 바라지 않든 관계없이 부처님의 가르침이 내 심층부深層部에서 그대로 뻗어나가 일상 생활에서 나를 대하는 모든 중생을 성불로 이끈다.

다시 말해서 비록 겉모습으로는 내가 교단에 서서 불법과 전혀 연관이 없는 통계학을 학생들에게 말과 글로 가르치며 또 이같이 언어를 구사하여 통계학을 가르치는 나의 체가 생멸심을 조장하는 보잘것없는 중생체에 불과하지만 묘법연화경에 대한 인간으로서 나의 이해와 관계없이 내 근원에는 묘법연화경을 설하신 부처님의 가르침이 그대로 이어진다. 이런 까닭에 설사 불법이 아닌 통계학을 가르치더라도 내 심층부에서는 묘법연화경의 가르침이 힘이 되어 학생들에게 뻗어나간다.

따라서 나의 강의를 듣는 학생들 역시 묘법연화경을 들어봤든 아니든, 알든 모르든, 믿든 안 믿든 나의 심층부에서 뻗어나간 묘법연화경의 가르침이 역시 학생들의 심층부를 관통하여 그들을 깨침의 길로 인도하는 것이다. 물론 내가 통계학 강의에서 묘법연화경을 언급하는 일은 전혀 없지만 자연히 그렇게 된다. 바로 이것이 석가모니불의 광대무변한 위신력이다.

내가 가르치는 통계학 자체는 영구한 생명력이 없다. 현재 내가 알고 있는 통계학 지식은 시대가 지나면 변하고 사라지며 나 자신도 몸이 죽으면 스러질 뿐이다.

그러나 묘법연화경을 바탕으로 통계학 지식을 얘기하면 이로써 내가 대하는 모든 사람들이 차차 개오開悟하는 것이다. 상대방에게 화를 내고 욕을 하더라도, 학생들을 체벌하더라도 묘법연화경의 가르침이 전달되기는 마찬가지다.

그렇기 때문에 이 책을 대하는 사람이 있다면 평소 무슨 생각을 하든 어떤 직업에 종사하든 상관없이 이 사람과 대면하고 상대하는 모든 사람들에게 성불의 씨앗이 심겨지며 또 그들이 자연히 불화佛化 즉 묘법연화경화妙法蓮華經化되기에 이들 모두가 훨씬 더 빨리 성불케 되는 이익을 얻는다.

이와 같이 묘법연화경을 잠시라도 대한 사람들로 인하여 궁극적으로 부처님 세계를 확실히 만든다는 것을 석가모니불께서 이미 알고 계셨기 때문에 기쁘게 말씀하시되 '나는 이미 내가 할 일을 다했노라'는 것이다. 즉 묘법연화경을 설했기에 그것으로 되었다는 것이며 그로써 만족하시는 것이다. 다시 말해서 후세인後世人의 공부 수준이 되었건 안 되었건 내 할 일을 이미 마쳤다는 것이다.

이렇기 때문에 방편품에 다음과 같은 게송이 나온다.

어른이든 아이든 설법을 들으며
혹은 즐거운 놀이로
장난삼아 손톱이나 나무 조각으로
벽에 불상을 그렸을지라도
이와 같은 중생은
모두 다 이미 정각에 이르렀나니
자비심慈悲心 구족具足하고
무량한 보살들 일깨워
이미 무수한 중생을 제도濟度하였느니라
  ⋮
또 사리 모신 탑에서
다만 한 번이라도 나무불南無佛 했다면
설혹 산란한 마음에 그리했더라도
이와 같은 중생은
모두 다 이미 최정각에 이르렀느니라

또 묘법연화경을 설함으로써 삼승三乘을 닦은 사람들을 일승—乘으로 인도했기에 만족하는 것이고 이로써 부처님께서 설하신 모든 것이 더 이상 손볼 데 없이 완벽하다는 자부심을 갖는 것이다.

따라서 본인들이 전혀 인지하지 못할지라도 생명체든 무생명체든 사바세계 일체 중생의 성불은 이미 결정된 것이다. 다만 시차가 있을 뿐이다. 그런데 묘법연화경 외에 여타 하등 불법으로는 이러한 시차를 줄이지 못한다. 지장보살은 지옥문에 버티고 서서 지옥 가는 중생을 구제하지만 이런 식으로는 멀었다. 물론 지장보살의 행도 해야 하는 것임에 틀림이 없고 또 불법은 일체를 포괄하기에 아님은 없지만 지옥 가는 중생 역시 이미 성불은 결정되어 있음을 알아야 한다.

그래서 시차를 조금이라도 줄이고 싶다면 묘법연화경에 귀의하는 것이 가장 빠른 방법이며 그것도 불퇴전의 믿음으로 묘법연화경에 귀의하면 속히 일체종지—切種智를 얻는 복을 누린다.

그렇지만 요즘은 불교를 제대로 아는 사람도 드물 뿐더러 그저 **나무묘법연화경** 한마디를 하면 즉신성불한다는 말을 즉시 받아들이고 행할 만한 근기가 거의 없으니 참으로 아쉽다.

아주 드물기는 하나 묘법연화경에 귀의하고 **나무묘법연화경**을 독송하는 사람은 결국 보살이 스스로 청정업淸淨業을 버리고 자의自意로 이 사바세계에 나와 중생의 체로 중생을 가르치는 것이라 하겠다. 부처님께서 묘법연화경 법사품法師品에서 강조하신 다음 대목을 보라.

그 누구든 이 경의 다만 한 사구게四句偈라도 능히 지니고 외우거나 가르치며 또 이 경을 공경한다면 그러한 선남자 선여인은 미래에 반드시 여래가 되리니 의심할 것 없느니라. 그와 같은 까닭에 약왕이여 그러한 선남자 선여인을 바로 여래라 여겨야 하거니와 하늘을 비롯한 일체 세간은 이 경의 다만 한 게송이라도 지니는 그러한 여래를 마땅히 우러러 받들어야 하느니라. 하물며 오로지 이 경만 받아 지니고 깨닫고 알리고 베끼고 또 베낀 후에는 항상 마음에 기억하며 또한 경권에 꽃 향 화만 도향 말향과 의복 천개 당번 기악으로 공양하고 아울러 경권에 합장하여 공경히 절하고 예경하는 사람이라. 약왕이여 그러한 선남자 선여인은 이미 무상정등정각을 성취했다고 여겨야 하며 또한 여래와 같다고 여겨야 하나니 그와 같은 사람은 세간을 애민하여 요익케 하려는 선세의 서원을 다하고자 스스로 여기 염부제에 몸을 보여 이 경을 널리 알리려 함이라. 그와 같은 사람은 스스로 청정清淨 법상法想과 머물던 청정 불국토를 떠나 내가 반열반에 든 후 이 경을 홍포하려는 까닭에 여래가 계시지 않은 때에 나왔다 여겨야 하나니 약왕이여 그러한 선남자 선여인은 마땅히 여래를 대신하여 여래의 일을 한다 여겨야 하느니라.

이중성불과 사중성불

일체 중생은 누구나 부처요 보살이다. 희대의 악인이라도 부처임에 틀림없다. 게다가 사람뿐 아니라 개미나 달팽이도 부처며 산천초목 낱낱에도 불성佛性이 있다. 설사 무생명체라도 마찬가지다. 따라서 제도할 대상도 제도할 사람도 없다. 이런 이야기는 이치상 어김없는 사실이다.

그렇다고 해서 '내가 곧 부처라는데 굳이 성불하려고 애쓸 필요가 어디 있겠는가?' 또는 '내가 부처인데 내가 무슨 짓을 하며 이 세상을 살아가든 상관없지 않겠는가?' 하고 착각하는 사람이 있다면 이는 가히 천치天痴 수준이라 하겠다.

무엇보다 일체 중생이 부처라는 말은 아무나 할 수 있는 것이 아니다. 이런 말은 부사의 해탈 경지에 들어간 실상심實相心에서나 할 수 있는 것이다. 그렇기 때문에 실상지實相智를 증득하지도 못한 사람이 이런 말을 듣고 자기 수준에서 판단하는 것은 우매하기 이를 데 없는 짓이 된다.

비근한 예는 많다. 어떤 이가 선사에게 '도가 무엇이냐?'고 물었다. 선사가 '평상심平常心이 도'라고 대답하였다. 그런데 이 말을 자기 수준에서 해석하여 '아하 평상심이 도라는데 밥 먹고 똥 누고 누구를 사랑하니 마니 하고 남의 돈을 거저 먹으려는 평소 내 생각이 바로 도로구나' 하고 생각한다면 이는 바로 미친놈이다. 이런 생각은 번뇌 중의 번뇌로서 지옥길로 들어서는 지름길이다. 그래서 알지도 못하는 놈이 평상심이 도라고 떠들고 있으면 곧바로 몽둥이 찜질 외에는 달리 약이 없다.

선사가 말한 평상심 역시 실상관實相觀에서 하는 말이다. 선사의 평상심이란 번뇌가 다 떨어져 고요한 상태를 말하는 것이며 이것이 바로 부사의한 해탈 경지에 들어간 실상심이다.

기실 평상심을 소유할 수 있는 사람은 부처밖에 없다. 실상에 든 사람 외에는 평상심을 소유하지 못한다. 중생으로서 평상심 소유자는 없다.

그렇기 때문에 지옥길 닦는 중생도 보살이자 부처라 해도 또 그런 말을 큰 차원에서 보아 부정하지 못하지만 이런 말을 할 수 있는 사람과 듣는 사람의 수준이 다르다는 점을 절대 잊으면 안 된다.

부처에도 이증理證 부처와 사증事證 부처가 있다.

이증부처란 이치로만 부처임을 말한다. 즉 누구나 부처다. 그도 완벽한 부처다. 이치로는 그렇다. 누구도 부정하지 못한다. 하지만 본인이 그 사실을 스스로 체득하지 못하는 한, 스스로 깨닫지 못하는 한, 스스로 증명치 못하는 한 속이 부처이긴 부처이되 육도에서 항상 헤매게 되는 것이다.

반면에 사증부처란 실제로 몸도 마음도 완전히 성불해 마치는 것이다. 모든 면에서 확실한 부처가 되는 것이다.

사증부처를 이루려면 체體를 만들어야 한다. 그 과정이 수행이다. 즉 이증부처에서 사증부처로 가는 과정이 수행인 것이다.

이 대목에서 이 책을 읽는 연자緣者에게 묻겠다. '당신은 스스로 이증부처임을 깨달았는가?'

유감스럽게도 아닐 것이다. 왜냐하면 오로지 실상지를 증득한 사람이라야 스스로 이증부처임을 깨닫기 때문이다. 설사 지금까지 설명한 내용에 전부 긍정하는 마음을 가졌더라도 그것이 스스로 이증부처임을 깨닫게 하는 것은 아니다.

가장 깊은 부분에서 보면 중생 모두가 보살이고 부처며 보통 사람들도 원융자재圓融自在한 불성佛性을 똑같이 갖추고 있음은 분명하지만 이들 모두는 스스로 이증부처임을 자각하지 못한 상태에서 중생의 껍데기를 뒤집어쓰고 육도 윤회할 짓만 거듭하고 있다.

설혹 실상지를 증득했더라도 결국 자신이 이증부처임을 아는 것으로 끝날 뿐이다. 나 스스로 이증부처임을 알았다 해서 또 더 나아가 일체 중생 모두가 이미 갖추어진 그대로 똑같은 불체佛體임을 알았다 해서 크게 득될 것도 없고, 모르고 있다 하더라도 별 차이가 있는 것도 아니다. 따라서 이증성불로는 부족하다. 사事가 따르지 않으면 미래겁이 다하도록 수행해봐야 부처 되기는 어렵다.

이렇게 부족한 이증성불理證成佛을 완전하고 확실한 사증성불事證成佛로 이끄는 것이 바로 부처님의 성불수기成佛授記다.

묘법연화경 비유품譬喻品을 보면 사리불이 부처님에게 성불수기를 받음으로써 사증성불을 예약한다. 그렇지만 사리불이 사증성불을 마치는데는 인간의 눈으로 보아 어마어마한 세월이 필요하다.

사리불이여 그대는 무량무변 불가사의 겁이 지난 미래세에 백천만억 여래들께 정법을 다 배우고 갖가지로 공양한 후 현재 행하는 보살도를 성취하여 부처가 되리니 명호는 화광華光 여래 응공 정변지 명행족 선서 세간해 무상사 조어

장부 천인사 불세존이라.

사리불은 이렇게 앞으로도 엄청난 세월을 더 닦은 후 성불한 다는 부처님의 약속 즉 성불수기成佛授記를 받고 환희하지만 사리불이 사증성불하는데 걸리는 시간은 그래도 짧은 편이다. 다른 아라한들이 사증성불하는데 걸리는 시간은 산수算數로 알기 힘들 정도로 길다. 이 아라한들은 오래 전의 고불古佛인 대통지 승불大通智勝佛 때부터 닦아온 이들임에도 그러하다. 인간의 시간 개념으로는 거의 허망한 세월이라 하겠다. 물론 육도를 초월한 첫 단계인 아라한들의 시간 개념이 인간과 같지는 않지만 어 쨌든 성불수기를 받더라도 짧은 시간에 완전한 성불을 하여 마치지는 못한다.

나무묘법연화경을 독송하면 즉신성불한다

아라한들 중 지혜제일이라는 사리불이 사증성불하는데도 그렇게 오랜 시간이 걸린다면 오탁악세의 사바세계 중생은 도대체 얼마를 기다려야 성불할 수 있을까? 실낱같은 인연밖에 없는 하등 근기자라면 앞으로도 거의 무한 겁 동안 육도를 윤회하며 스스로를 사증성불할 수 있는 인연을 담을 그릇으로 만들어야 하리며 동시에 부처님을 만날 수 있는 복덕을 구비해야 한다. 그러니 사바세계 중생의 완전한 성불은 극히 어렵다.

물론 앞서 말한 바와 같이 사바세계 중생의 성불은 이미 결정되어 있다. 언젠가 되긴 된다. 시간 문제일 뿐이다. 다만 그 시간이 거의 불가능에 가깝도록 끔찍이도 긴 것이 문제이기는 하지만 말이다. 어쨌든 이렇게 하여 연緣이 성숙되어 다하면 사바세계 중생도 이미 결정된 성불을 하게 된다.

그러나 성불도 인연 따라 일어나기에 그 인연을 지금 당장 이

자리에서 만들면 조금도 기다릴 필요 없이 즉시 성불할 수 있다. 그리고 그 인연이란 물론 묘법연화경을 만나는 것이다.

나무묘법연화경을 독송하며 묘법연화경을 믿고 따르면 누구나 그 자리에서 즉신성불한다. 그도 이증성불만이 아니라 이사理事를 합한 완전무결한 성불이다. 아울러 이미 묘법연화경에 귀의하여 묘법연화경을 지니고 읽는 사람은 더 말할 것도 없다. 조금의 의혹도 없이 묘법연화경에 귀의하여 나무묘법화경을 독송하며 또 묘법연화경을 항상 받들어 지니고 읽고 쓰는 사람은 경을 한 번 펼치는 순간 즉시 성불수기를 받고 그 자리에서 성불해 마치는 것과 다름없다. 이렇기 때문에 묘법연화경을 특히 본신묘법을 절대타력문이라는 것이다.

그런데 사바세계에서 묘법연화경의 효력은 한시적限時的이다. 이는 오로지 현 말법시대 일만 년에 한정되어 있다. 언뜻 일만 년을 긴 시간으로 생각하는 이들이 있을지 모르겠지만 이 점을 알아야 한다. 시간의 흐름은 일정한 것이 아니며 말법 만년은 정법正法 백년보다 짧다! 시간이 없다.

그리고 지금 이 시대를 사는 사람들이 다시 인간의 몸을 받아 세상에 나올 가능성은 거의 없다. 게다가 앞으로 일만 년은 고사하고 다만 백 년 후에도 지구상에 지금처럼 많은 인간이 존재할지도 알 수 없는 일이다.

묘법연화경 다섯 자 제목은 일체를 포괄한다

법화현의法華玄義에서 지자智者가 이르기를, 묘법연화경 다섯 글자 제목에는 일체 부처님들의 온갖 법문法門을 가리키는 명名과, 시공만유 온갖 모든 것이 실상實相임을 가리키는 체體와, 일체 부처님들의 근본 법문인 요의대법了義大法 묘법연화경을 가리키는 종宗과, 일체 부처님들의 자재대용自在大用을 가리키는 용用과 일체 부처님들께서 깨달으신 진리 전체와 무궁한 이타利他 활동의 근원과 매우 깊은 부처님의 모든 사업 등 온갖 교법教法을 총칭하는 교教, 이러한 명체종용교名體宗用教의 오중현의五重玄義가 구족완비具足完備되어 있다고 하였다.

기실 묘법연화경 다섯 자 제목은 한량없고 끝없는 일체 모든 불법승佛法僧 삼보三寶의 본체다. 어째서 그러한가?

석가모니 본신불께서 설한 묘법연화경 여래신력품如來神力品에 나오는 다음 대목을 보라.

211

나는 이 경에서 부처님들의 일체 불법佛法과 일체 신력神力과 일체 비밀秘密과 일체 심묘深妙한 경지境地를 간명簡明히 깨닫게 하였느니라. 이러한 까닭에 선남자들이여 그대들은 여래가 멸도한 후에 마땅히 이 경을 공경하여 지니고 읽고 홍포하고 존승하고 예경할지니라. 선남자들이여 세상 어디서라도 사람들로 하여금 이 경을 알고 읽고 쓰고 사유하고 설하고 외우고 경권經卷으로 엮도록 할지며 또 경권이 있는 곳 바로 그 자리에 여래를 기리는 탑묘塔廟를 세워야 하느니라. 왜냐하면 마땅히 그러한 곳이 바로 도량道場이라 여겨야 하는 까닭이며 또 마땅히 그러한 곳이 바로 일체 여래께서 무상정등정각無上正等正覺에 이르신 곳이라 여겨야 하는 까닭이며 또 바로 그곳에서 일체 여래께서 법륜法輪을 굴리신 까닭이며 또 바로 그곳에서 일체 여래께서 멸도滅度에 이르렀다 여겨야 하는 까닭이니라.

즉 일체 불법은 결국 묘법연화경으로 귀착되며 어떠한 부처님이라도 모두 묘법연화경에서 나왔고 또 묘법연화경에서 열반에 드신 것이다. 이런 이유로 묘법연화경을 삼세제불三世諸佛의 출세본회설出世本懷說이라 한다.

다시 말해서 묘법연화경 자체가 삼세제불을 태생하는 어머니니 묘법연화경의 위신력은 특히 본신묘법의 위신력은 여타 부처님들의 위신력과 비교도 하지 못할 정도로 수승하다! 그러하기에 경전에 공양드리는 것이 부처님께 공양드리는 것보다 더 낫다.

그리고 묘법연화경 다섯 자 제목이 일체 불법승 삼보를 내포하므로 단순히 묘법연화경을 지니고 읽는 것보다 겸하여 묘법연화경 다섯 자를 독송하는 것이 훨씬 수승하다.

참고로 이 대목에서 연자緣者들이 인지해야 할 사실은 현재 사바세계에서 유통되는 묘법연화경은 인간들이 이해할 만한 수준으로 요약된 미소한 일부라는 점이다.

묘법연화경 서품序品을 보면 일월등명불日月燈明佛은 육십 소겁小劫 동안 묘법연화경 전부질全部帙을 설했고, 본생품本生品을 보면 대통지승불大通智勝佛이 팔천 겁劫 동안 묘법연화경을 설했으며, 상불경품常不輕品을 보면 위음왕불威音王佛은 이십 백천만억 게송偈頌의 묘법연화경을 설한다. 똑같은 묘법연화경을 설하지만 설하는 분량이나 내용이 다 같지 않다. 또 지금 아미타불阿彌陀佛의 서방 정토에서 유통되는 묘법연화경과 현재 사바세계에서 우리가 아는 묘법연화경의 내용은 같지 않다. 수준 차이가 있는 것이다.

그렇더라도 그 경전의 제목이 묘법연화경이라는 사실은 변함없다!

또한 일체 과거불들이 이미 설한 묘법연화경, 현재불들이 지금 설하는 묘법연화경, 미래불들이 앞으로 설할 모든 묘법연화경들과 그 안의 오묘한 이치도 묘법연화경 다섯 자 제목으로 포괄된다.

이렇기 때문에 다만 묘법연화경을 지니고 독송하는 것보다 겸하여 묘법연화경 다섯 자 제목을 일심으로 독송하는 것이 훨씬 더 낫다. 또 그런 이유로 본신묘법에서는 특히 나무묘법연화경을 독송하면서 무엇보다 경전에 대한 믿음을 강조하지만 그렇다 해서 경전의 독송을 소홀히 해도 좋다는 말은 아니다. 그도 마땅히 하는 것이지만 인간의 좁은 소견으로 경문을 억측하고 어떤 욕심을 내지 말라는 뜻에서 이런 말을 덧붙인다.

중생으로 태어나 성불보다 더 바랄 것이 무엇이겠는가? 묘법연화경을 대하면서 하찮은 중생심을 발하는 것은 묘법연화경을 비방함이고 이는 부처님을 비방하는 죄보다 훨씬 중하기에 이를 항상 경계해야 하리라.

묘법연화경 법사품法師品의 다음 대목을 보라.

　어떤 사람이 만약 한 겁을 두고
　다만 한때라도 사악한 마음 품고
　얼굴 찌푸리며 내게 대들어
　헐뜯는 말을 하면 큰 죄를 지으리나
　이 경전을 수호하는 이들이

이 경을 설할 때 헐뜯고 욕설하는 사람은
내가 말하노니 더욱더 큰 죄를 짓는 것이니라
어떤 사람이 무상도 구하여
내 앞에서 한 겁 내내 합장하고
무량 만억의 게송으로 나를 찬탄하면
기꺼운 마음으로 나를 기린 까닭에
이로써 큰 공덕을 얻으리나
저 법사들을 찬미讚美하면
더욱더 큰 공덕을 얻느니라

결국 부처님을 한 겁 동안 비방하는 죄보다 다만 묘법연화경을 지니는 이를 비방하는 죄가 훨씬 더 크며 부처님을 한 겁 동안 찬탄하는 복보다 다만 묘법연화경을 지니는 이를 찬미하는 복이 훨씬 더 크다. 그리고 묘법연화경을 지닌다 함은 그저 마음에 묘법연화경 다섯 자 제목을 지니는 것과 같다.

다시 묘법연화경 여래신력품如來神力品을 보면 다음과 같은 대목이 있다.

석가모니 세존과 저 모든 여래들께서는 천 년 간 신통력을 내보이셨으며 이렇게 천 년이 지난 연후에 혀를 도로 거두시고 일제히 동시에 기침하며 손가락을 튕겨 큰 소리를 내시거늘 이 소리로 인하여 시방 백천만억 모든 불국토들이 다 진동하였으니, 움직이고 더욱 움직이고 두루 움직이고 흔들리고 더욱 흔들리고 두루 흔들리고 떨리고 더욱 떨리고 두루 떨리게 되었고 이 모든 불국토들에 있던 천 용 야차 건달바 아수라 가루라 긴나라 마후라가 인 비인 등 일체 중생이 부처님의 힘으로 다 저들이 머무는 곳에서 이 사바세계娑婆世界를 보게 되었으니 저마다 보배 나무 아래 사자좌 위에 앉으신 백천만억 여래들을 뵈오며 또 석가모니 세존을 뵈오며 또 멸도하신 다보 여래께서 석가모니 세존과 더불어 수묘한 보탑 가운데 사자좌에 앉으셨음을 뵈오며 또 마지막으로 저 사부청중을 보았다. 이 모습을 본 저들은 모두 미증유라 경탄하며 환희심을 품었다. 그때 저들에게 허공에서 크게 외치는 음성이 들렸다.

현자賢者들이여 무량 아승지 수의 백천만억 세계들을 지나 국토가 있으니 이름은 사바娑婆요 거기에 부처님께서 계시니 명호名號는 석가모니釋迦牟尼 여래 응공 정변지 명행족 선서 세간해 무상사 조어장부 천인사 불세존이시라. 바로 지금 보살마하살들을 위하여 묘법연화경妙法蓮華經을 설하시나니 보살을 가르치는 법이며 일체 부처님께서 전유專有하시는 대방광경大方廣經이라. 그대들은 마땅히 깊은 마음으로 기꺼이 받을지며 마땅히 석가모니 세존과 다보 여래께 귀명歸命할지니라.

허공에서 나는 그러한 음성을 듣자 저 모든 중생은 저들이 머무는 곳에서 합장하고 큰 소리로 외쳤다.

나무석가모니불南無釋迦牟尼佛.

저 모든 세계의 일체 중생이 허공에서 나는 소리를 듣고 합장하고 사바세계를 향하여 나무석가모니불을 외친다. 이때 모든 타방세계의 일체 중생이 합장하고 외치는 석가모니불은 곧 본신불로서 이는 **나무묘법연화경**을 외치는 것과 같으니 묘법연화경이 시방삼세 일체 부처님들인 까닭이다. 부처님께서 게송으로 설한 다음 대목을 보라.

이 성전聖典을 항상 지니는 이들의 공덕은
한없는 허공계 같아 부사의不思議하노니
이들은 곧 나를 보는 것이요
또 이 모든 무상존無上尊들과
멸도하신 도사導師를 보는 것이며
또 이 모든 무량한 보살들과
사중四衆을 보는 것이니라
그러한 이는 지금 이 자리에서
나와 이 모든 도사들께 공양함이요
또한 멸도하신 제일가는 승자勝者와
시방의 다른 분들께도 공양함이라
아울러 **이 경을 지니는 이는**
시방에 계시는 미래와 과거 부처님들
모두를 뵙고 또한 공양함이니라
진실법眞實法인 이 경을 지니는 이는

217

인중존人中尊의 묘법妙法을 통찰하리며
도량에서 얻으신 바 실상實相을 빨리 깨우치리라
속히 이해함에 막힘이 없나니
바람과 같아 어디서고 장애障礙가 없기에
이 무상경을 지니는 이는
법의 의취意趣를 아느니라
이 사람은 조금만 생각하여도
도사들께서 설하신 경들의
인연과 차례를 항상 알게 되리니
도사가 멸도한 후에도
경들의 참된 뜻을 여실히 깨우치리라
이 사람은 달과 해를 닮아
주위를 항상 밝게 비추나니
시방으로 세간世間을 다니면서
무량한 보살들을 일깨우리라
지혜로운 보살이라면 이러한 이익 듣고
내가 멸도한 후 반드시 이 경을 지니리니
의심할 바 없이 정각正覺에 이르리라

이와 같이 묘법연화경을 지니는 이는 경을 한 번 대할 때마다
시방삼세 일체 부처님들 모두를 직접 뵙고 공양하는 것이다.
그렇기 때문에 묘법연화경을 보는 순간 즉시 성불수기를 받고
바로 성불해 마치는 폭이 된다.

사리불은 사증성불하기 위하여 한량없는 겁 동안 수많은 부처님들께 공양해야 한다. 사리불뿐 아니라 방편법을 닦아 성불수기를 받은 다른 모든 아라한들 역시 한량없는 세월을 기다려야 한다.

그러나 책상에 놓인 묘법연화경을 한 번 보는 것으로써 석가모니 본신불을 위시하여 다보 여래와 일체 분신불들을 친견하는 것이며 그보다 더한 것은 묘법연화경을 한 번 볼 때마다 그 수많은 부처님들께 이미 공양을 드리고 다 마친 상태와 마찬가지니 이로써 더 이상 수행할 필요없이 바로 성불이 완성된다. 이러한즉 묘법연화경의 위력을 어찌 필설로 형용하랴.

기실 현 말법시대에서 묘법연화경을 믿고 따르는 사람은 과거세에 청정업을 닦은 불보살이 이미 증득한 청정업보를 버리고 사바세계에 인간으로 화현한 존재라 하겠으니 이들은 묘법연화경을 만나 바로 부처를 이룬다. 이는 본인이 그 사실을 알든 모르든 그러하다.

설사 그렇지 않고 이번 생에 최초로 묘법연화경을 접하는 이라 하더라도 묘법연화경에 귀의하여 묘법연화경을 지니고 독송하면 이로써 바로 성불한다.

묘법연화경을 믿고 보게 되면 지금까지 방편법을 따라 비구를 존경하고 사홍서원四弘誓願을 발하는 등 짐짓 불법 수행을 했든 안 했든 상관없이 성불이라는 그 과果만 받는 것이다. 과거생에 부처님을 부처놈이라고 욕했더라도 상관없다.

어찌 보면 가장 게으른 사람들이 해야 할 것이 묘법연화경이리라. 그러나 **나무묘법연화경**을 독송하라는 말을 한 번에 믿을 만한 근기는 거의 존재하지 않으니 가장 게으르기도 쉽지 않다.

묘법연화경 공덕품功德品에서 다음과 같이 이른다.

내가 멸도한 후 이 경을 마음에 지니거나 또 읽고 쓰고 홍포하는 이는 곧 이미 원림과 꽃으로 장엄하고 쉴 곳이 마련된 경행처와 또 음식과 병든 이를 위한 탕약 등 일체 생활도구를 잘 갖추었으며 서른 둘의 팔층 첩탑이 있고 일천 비구들이 머물 만한 크고 넓은 정사精舍들을 붉은 전단나무로 세운 것이니라. 그리고 이를테면 백 혹은 천 혹은 만 혹은 억 혹은 백억 혹은 천억 혹은 백천억 혹은 백천만억에 이르는 무량 무수한 중생이 있는데 이들이 항상 나와 얼굴을 마주하여 보며 또 내가 가호加護하는 제자 대중이라 여긴다면 아일다여 내가 멸도한 후 이 경을 지니고 읽고 홍포하고 쓰는 이는 다시 말하거니와 사리탑을 짓지 않아도 되고 또한 저 제자 대중에게 공양하지 않아도 되느니라. 하물며 아일다여 이 경을 지니는 선남자 선여인이 겸하여 보시 지계 인욕 정진 선정 지혜를 행함이랴. 심히 더욱더 큰 공덕을 쌓게 되리니 기실 그 공덕은 무량무변 아승지니라.

아일다여 마치 허공계가 동방 남방 서방 북방 하방 상방과 사유四維로 그지없듯 이 경을 지니고 읽고 쓰고 또 쓰게 하는 선남자 선여인이 얻는 공덕은 무량 아승지라, 마침내 불지혜에 이르게 되느니라.

다시 한 번 강조하거니와 묘법연화경은 시방삼세 일체 부처님을 포괄하기에 믿고 묘법연화경을 받으면 이는 곧 일체 부처님의 위신력을 업는 것이라 바로 즉신성불한다.

묘법연화경을 홍포하는 법사가 얻는 복

묘법연화경 약왕본사품藥王本事品을 보면 일체중생희견一切衆生喜見
보살마하살이 백복百福으로 장엄한 자신의 한 팔을 태우니 이를
본 무수한 대중이 현일체색신삼매現一切色身三昧를 얻었다는 대목
이 나온다.

그런데 일부 못난 사람들 중 일체중생희견 보살마하살의 행을
본받는답시고 자신의 멀쩡한 손가락을 불에 태우는 이들이 있
다. 참으로 멍청하고 한심한 짓이다.

이 점을 알아야 한다. 일체중생희견 보살마하살은 그냥 자신의
한 팔을 사른 것이 아니라 백복으로 장엄한 팔을 태웠다!

일복이란 삼천대천세계의 모든 맹인을 전부 눈뜨게 하는 공덕
이다. 그러니 백복을 이루려면 그 팔로 도대체 얼마 만한 일을
했을지 생각해보라. 백복으로 장엄했다 함은 금가루를 처발랐

다는 것이 아니다. 자신의 팔로 적어도 그만큼 행을 이루었고 그만큼 공덕을 쌓은 것이다.

그런데 정신 나간 사람들은 덮어놓고 자기 손가락을 먼저 태운 다음 복을 바라니 이는 선후가 완전히 뒤집힌 짓이다.

그리고 일체중생희견 보살마하살의 대단한 공덕도 묘법연화경을 잠깐이라도 대하는 사람이 얻는 복에는 비교하지 못한다. 그래서 부처님께서는 다시 다음과 같이 설한다.

무상정등정각에 이르고자 정진하여 보살승菩薩乘을 닦는 선남자 선여인이 여래의 탑묘에서 엄지 발가락이나 손가락 하나 혹은 발가락 하나 혹은 팔 하나를 사른다면 내가 그대에게 보증하거니와 그러한 선남자 선여인은 심대한 복덕을 지으리니 그 복덕은 왕국 처자에 더하여 숲과 바다와 산과 샘과 시내와 못과 우물과 정원이 있는 삼천대천세계 모두를 버려 얻는 과보보다 훨씬 더 많으리라. 또 수왕화여 무상정등정각에 이르고자 정진하여 보살승을 닦는 그 선남자 선여인이 칠보로 이 삼천대천세계를 가득 채워 일체 부처님과 보살 성문 벽지불들에게 보시할지라도 이 선남자 선여인이 얻는 바 복덕은 이 묘법연화경의 다만 게송 하나라도 지니는 선남자 선여인에 미치지 못하느니라. 내가 이제 다시 그대들에게 분명히 이르거니와 어떤 사람이 칠보로 삼천대천세계를 가득 채워 일체 부처님과 보살 성문 벽

지불들에게 보시할지라도 그보다 이 **묘법연화경의 다만 게**
송 하나라도 지녀 쌓는 복덕이 훨씬 더 크니라.

다시 말해서 묘법연화경에 나오는 게송 한마디를 받는 복이
백복으로 장엄한 한 팔을 태워 부처님께 공양하는 복보다 훨
씬 수승하다.

게다가 묘법연화경을 홍포하는 법사의 공덕은 필설로 다하지
못할 정도로 엄청나며 특히 묘법연화경 법사품法師品을 보면 다
음과 같은 대목이 있다.

　여래가 멸도滅度한 후 미래세에 이 경을 들을 모두에게 또
한 다만 한 게송이라도 듣고 난 후 한 생각이나마 기꺼이
받을 선남자 선여인 모두에게 내가 또한 무상정등정각을
수기하노라.

즉 묘법연화경의 단 한 구절이라도 믿고 받으면 그 자리에서
성불을 약속한다는 말이다.

또 희수공덕품喜受功德品을 보면 어떤 시주施主가 있어 사백천 아
승지 세계들의 일체 중생에게 팔십 년간 보시하고 불법을 가
르쳐 모두 다 아라한이 되게 했더라도 이 시주의 공덕은 묘법
연화경의 단 한 게송 한 구절이라도 듣고 기꺼이 받는 복만
못하다고 가르친다.

즉 미륵 보살마하살이 부처님께 '어떤 선남자 선여인이 이 경을 듣고 기꺼이 받는다면 그러한 선남자 선여인은 얼마나 큰 공덕을 얻게 되나이까'라고 묻자 부처님은 다음과 같이 말씀하신다.

말로 이어 전한 바 쉰 번째 사람이
이 경의 한 게송이라도 듣고
평온平穩한 마음으로 기꺼이 받는다면
그 공덕이 얼마나 큰지 들어 보라
내가 앞서 견주고자 설했거니와
만억 중생에게 베풀기 좋아하는 어떤 사람
중생 모두를 팔십 년 간 만족케 하더니
저들이 이미 늙어 주름진 얼굴에
백발 된 것 보고 탄식하되
오호애재嗚呼哀哉라
누구나 이렇게 쇠멸衰滅하고야 마는도다
내가 이제 응당 설법하여
저들을 깨우치리라 하고는
장차 열반 경지로 나아가도록
저들에게 법을 가르치며 말하되
일체 있는 바는 아지랑이 같으니
일체 있는 바를 싫어하는 마음
어서 빨리 낼지니라 하더니라
이 대시주大施主에게 법을 들은

225

모든 중생이 곧 다 아라한 되어
누가 다하고 최후신最後身을 얻더라도
끊임없이 이어 전해진 이 법을
다만 한 게송이나마 듣고
기꺼이 받은 이가 얻는 공덕이
저보다 더욱 많나니
기실 대시주의 공덕은
이 사람의 공덕에 비하면
오히려 미진微塵조차 못 되느니라
다만 한 게송이나마 전해 들어도
그토록 공덕이 크나큰 까닭에
가히 헤아리지도 못하고 그지없거늘
하물며 마주 보고 들은 사람의 공덕이랴

일반 불가에서는 기껏해야 육신통 정도 얻는 것을 지상 목표로 삼는 경우가 허다하지만 묘법연화경에서 육신통 따위는 잠시지간의 얘깃거리도 되지 않는다.

묘법연화경을 잠깐이라도 믿고 대하는 사람이 얻는 복은 바로 즉신성불로서 그 어디에도 비교하지 못할 복이지만 만일 묘법연화경을 믿는 사람을 누군가 잠깐이라도 비방하면 그 사람이 받는 죄보 역시 상상을 초월할 정도로 중하다.

일례로 묘법연화경 법사품法師品을 보면 부처님을 일 겁 동안 헐뜯어 욕한 죄가 비록 매우 무거우나 묘법연화경을 홍포하는 법사에게 단 한 번 눈만 흘겨도, 단 한 번 코웃음 쳐도 부처님을 비방한 죄와 비교도 안 되는 죄를 짓는 것이라 한다.

다시 약왕이여 만약 현겁賢劫에 어떤 사악하고 마음이 잔인한 중생이 여래에게 대들며 헐뜯는 말을 한다면 그리고 만약 어떤 사람이 나무랄 데 없는 저 법사法師들과 또 재가거나 출가거나 이 경전을 지니는 이들에게 그것이 사실이건 사실이 아니건 거스르는 말을 단 한마디라도 한다면 내가 확언하거니와 나중의 죄악이 더욱 심중深重하나니 왜냐하면 약왕이여 그러한 선남자 선여인은 곧 여래의 옷으로 장엄함과 같은 까닭이니라.

그런데 부처님을 헐뜯어 비방한다는 말은 기실 매우 무서운 말이다. 헐뜯어 비방한다 함은 예를 들어 탁자에 놓인 꽃병을 보고 사람들이 좋다고 말하자 어떤 이가 꽃병을 깨뜨려 조각을 하나 집어 들고 '이게 어째 꽃병이냐?'고 함과 같다. 이와 같이 꽃병을 헐어 손상함은 꽃병의 본질을 왜곡하는 것이며 조금 뗀 조각을 들고 이는 꽃병이 아니다는 식으로 비방하면 많은 사람들을 한꺼번에 착오에 빠뜨리는 엄청난 죄를 짓는 것이니 우리 나라 정치인들이 정적을 비난하는 언행을 돌이켜 보면 헐뜯어 비방함이 무엇인지 쉽게 짐작하리라.

마찬가지로 부처님 가르침의 전체 흐름을 알지 못하고 부처님의 법문 중에서 여기서 한마디 떼고 저기서 한마디 떼어 말을 만들면 바로 이것이 부처님을 헐뜯어 비방하는 것이다. 물론 일부러 그리할 생각이 없었더라도 결과는 마찬가지다. 즉 자기가 보고 듣고 이해한 것은 일부분이고 전체의 흐름을 알지 못해 그럴 수 있겠지만 그 역시 부처님을 헐뜯어 비방함에서 벗어나지 못한다. 변명의 여지가 없다.

그런데 묘법연화경 홍포 법사란 묘법연화경을 지니고 읽고 가르치고 쓰고 또 쓰게 하는 이를 말한다. 한역본 묘법연화경에 의거하면 묘법연화경을 수지독송해설서사受持讀誦解說書寫하는 이가 법사다.

따라서 묘법연화경을 대하는 이는 누구나 부처님이 직접 인정하는 법사다. 자격증도 필요 없다.

그렇다면 어떻게 하는 것이 묘법연화경을 바르게 지니는 것인가? 이는 자신의 머리로 따지지 말고 있는 그대로만 믿으면 된다. 어떻게 보면 묘법연화경 전부가 사안 설명인 듯하지만 오직 있는 그대로만 믿으면 저절로 바르게 되며 이것이 부처님의 신통력이자 위신력이다. 그리고 이러한 부처님의 신통력은 오로지 묘법연화경 내에만 존재한다.

묘법연화경 여래신력품如來神力品을 보면 다음과 같은 심오한 대목이 있으니 음미해 보라.

나는 이 경에서 부처님들의 일체 불법佛法과 일체 신력神力과 일체 비밀秘密과 일체 심묘深妙한 경지境地를 간명簡明히 깨닫게 하였느니라.

묘법연화경 법사에게는 여래가 자리를 내준다

묘법연화경을 제외한 여타 경전에서는 모든 부처님을 공경 공양하라는 말로 일관한다. 그러나 묘법연화경에서는 묘법연화경을 홍포하는 법사가 바로 부처니 부처님이 즉시 법사에게 자리를 내준다.

묘법연화경 법사품法師品에 나오는 다음 대목이 이를 말한다.

그 누구든 이 경의 다만 한 사구게라도 능히 지니고 외우거나 가르치며 또 이 경을 공경한다면 그러한 선남자 선여인은 미래에 반드시 여래가 되리니 의심할 것 없느니라. 그와 같은 까닭에 약왕이여 그러한 선남자 선여인을 바로 여래라 여겨야 하거니와 하늘을 비롯한 일체 세간은 이 경의 다만 한 게송이라도 지니는 그러한 여래를 마땅히 우러러 받들어야 하느니라.

또 역시 묘법연화경 법사품에 나오는 다음 대목을 보라.

약왕이여 여래가 멸도滅度한 후 말세未世 말법시未法時에 사부청중을 위해 널리 이 경을 설하려는 보살마하살은 마땅히 여래의 방室에 들어 여래의 옷衣을 입고 여래의 자리座에 앉은 후 그리해야 하느니라. 약왕이여 여래의 방이란 무엇이겠는가. 이는 일체 중생을 위한 자비에 머뭄이니 약왕이여 여기가 바로 선남자라면 마땅히 들어야 할 여래의 방이니라. 또한 약왕이여 여래의 옷이란 무엇이겠는가. 이는 유화인욕柔和忍辱의 의복이니 선남자라면 마땅히 입어야 할 여래의 옷이니라. 또한 약왕이여 여래의 자리란 무엇이겠는가. 이는 일체법공一切法空에 들어감이니 약왕이여 사부청중에게 이 경을 널리 설하려는 선남자라면 마땅히 여기에 앉아야 하느니라.

즉 법사는 여래의 방에 들어가 여래의 옷을 입고 여래의 자리에 앉아 묘법연화경을 설하라는 것이다. 그런데 여래의 방에 들어가 여래의 옷을 입고 여래의 자리에 앉으라는 것은 부처의 자격으로 설하라는 것이다.

여래의 방이란 일체 중생을 연민하는 마음이요 여래의 옷이란 유화인욕심柔和忍辱心이요 여래의 자리란 소위 법공좌法空坐니 곧 중도실상지中道實相智에서 묘법연화경을 설해야 한다.

묘법연화경 외에 이런 가르침은 어디에도 없다.

부처가 자신의 자리를 내준다는 가르침은 오직 묘법연화경에만 존재한다.

묘법연화경을 얻게 되는 사람은 과거세에 이미 그렇게 한 사람이다. 또 묘법연화경을 지니고 설하는 사람은 그와 같이 부처행을 한다는 것이다. 그러니 묘법연화경을 홍포하는 법사에게 여래가 즉각 자리를 내주는 것이다.

세상에 이보다 더 확고한 가르침이 묘법연화경 외에 어디 있는가?

낮은 경전에서는 그저 부처님께 공양하라는 말만 나올 뿐 부처 위치에서 하라는 말은 오직 묘법연화경에만 나온다.

그렇지만 이런 가르침을 믿고 받는 사람은 매우 드물다. 그래서 부처님께서도 '부처 재세시에도 묘법연화경을 설하면 사람들이 원망하고 믿지 못해 거의 모든 이들이 받지 않거늘 하물며 여래가 멸도한 후 지극히 바른 것이 지극히 비뚤게 보이는 전도된 중생으로 가득 찬 말법시대에는 오죽하랴'고 말씀하시는 것이다.

기실 말법시대에 묘법연화경을 지니고 독송하는 것만 해도 어려우니 하물며 다른 사람에게 전하는 것이랴. 그야말로 가장 어렵다 하겠다.

묘법연화경 안락행품安樂行品에서 이르되 묘법연화경 홍포 법사는 마땅히 신안락身安樂 구안락口安樂 의안락意安樂 서원안락誓願安樂의 네 가지 안락행법에 안주하라고 가르친다. 즉 신구의身口意 삼법을 갖추어 묘법연화경을 설하되 혹여 비방하는 사람이 있을지라도 조금도 원망하지 말지니 이 사람들에게는 아무리 일러 주어야 소용이 없으므로 내가 나중에 성취하고 난 후 그들을 성취케 하겠다는 서원誓願을 발하라는 것이다.

따라서 이 책을 보고 발심해서 묘법연화경을 대하게 될 사람도 마땅히 그렇게 해야 하리라.

번뇌심과 산란심으로 묘법연화경을 해라

소위 법화삼매法華三昧에는 두 가지가 있으니 하나는 유상행有相行이요 다른 하나는 무상행無相行이다.

유상행이란 본신편本身篇의 보현권발품普賢勸發品에 의지하여 평상의 번뇌심煩惱心과 산란심散亂心으로 선정禪定에 들지 않고 묘법연화경을 지니는 것이다. 무상행이란 분신편分身篇의 안락행품安樂行品에 의지하여 선정에 들어가 네 가지 안락행을 닦는 것이다.

두 가지 중 어떤 법화삼매가 수승한가? 두말할 필요 없이 당연히 유상행이다. 유상행은 타력을 입는 것이기에 아주 쉽다. 그러나 안락행품에 의거한 무상행을 일반 수행자들이 실행하기는 거의 불가능하다. 안락행품을 읽어보면 잘 알겠지만 이렇게 실상관에서 말하는 내용은 습기와 지식에 의한 우리의 이해를 초월하는 까닭에 무상행을 따르다보면 무상행의 내용에 대하여 스스로 온갖 궁리를 하며 머리를 굴리다가 또다시 자력수행으로 떨어지는 폐단이 있다.

천태지자는 기실 안락행품에 의거한 자력수행법을 주로 이야기하였다. 다만 법화현의의 마지막 부분에 묘법연화경의 타력에 대하여 잠깐 비추어 놓았을 뿐이다. 그러나 이는 천태의 시대가 말법시가 아니기 때문이니 바로 이 때문에 천태지자가 내내 말법시대에 태어나지 못했음을 아쉬워하는 것이다.

여하튼 **나무묘법연화경** 독송은 번뇌심으로 하는 것이다. 숨 쉬고 말하고 걸어 다니는 일상생활의 일거수일투족에 묘법연화경이 떨어지면 안 된다.

그래서 일구탄진십법계一口吞盡十法界하고 토출일구吐出一句 **나무묘법연화경**南無妙法蓮華經이란 말이 있으니 십법계를 한숨에 들이마셔 **나무묘법연화경** 한마디를 나오게 해야 한다. 십법계란 바로 우리의 한 생각이다. 온갖 잡념과 번뇌와 산란심으로 가득 찬 이 모든 것들을 마음에 그대로 지니고 **나무묘법연화경**을 하는 것이다.

번뇌심을 버리는 것이 아니다. 번뇌심이나 산란심을 가지고 **나무묘법연화경**을 해도 아무 상관이 없다. 불법을 닦아 나가는데 번뇌심과 산란심을 갖고 하라는 가르침은 오직 묘법연화경밖에 없다.

기실 **나무묘법연화경**뿐 아니라 나무관세음보살 역시 번뇌심으로 독송하는 것이다. 세간의 불자들은 관세음보문품觀世音普門品이 원래 묘법연화경의 한 품인 줄 모르고 독송하지만 관세음보문품에서 가르치는 바 번뇌심에서 관세음을 불러야 즉시 감응하는 것이다.

그리고 부처님의 가르침을 함부로 전하지 말라는 설법 역시 묘법연화경 외의 다른 경전에서는 전혀 찾아볼 길이 없다. 일반 방편법에서는 염부제閻浮提에 부지런히 알려 모든 중생이 혜택을 받도록 하라고 가르치지만 묘법연화경에서는 함부로 알리지 말고 악한 자들이 혜택을 입지 못하게 하라고 한다.

묘법연화경을 지님은 견성성불보다 어렵다

묘법연화경 견탑품見塔品을 보면 말법시대에 묘법연화경을 지니고 믿고 읽고 받드는 어려움을 다음과 같이 설한다.

비록 항하사 같이 무량 무수한 경들을
다 설한다 해도 그리 어렵다 하지는 못하리며
수미산須彌山을 손에 움켜쥐고
무수 억 국토 지나도록 던진다 해도
또한 그리 어렵다 하지는 못하리며
엄지로 이 삼천세계三千世界 흔들어
무수 억 국토 지나도록 던진다 해도
또한 그리 어렵다 하지는 못하리며
유정천有頂天에 서서 설법하고
무수한 다른 경들을 연설한다 해도
또한 그리 어려운 일 한다고는 못하리나
세존의 멸도 다음에 오는 두려운 악세惡世에서

이 경을 지니고 설한다면
이것은 곧 어렵다 하리로다
허공계를 고스란히 한 손에
눌러 잡아 내던져 버린다 해도
또한 그리 어렵다 하지는 못하리나
내가 멸한 후세後世에서 이 경을 베낀다면
이것은 곧 어렵다 하리로다
대지大地를 고스란히 발톱 끝에 모아
멀리 던지고서 범천梵天에 걸어 오른다 해도
또한 어렵다 하지는 못하리니
이만한 어려운 일에는
범부凡夫의 힘조차 쓸모가 없느니라
그러나 내가 멸도한 후 말세末世 중에
다만 잠시라도 이 경을 크게 읽는다면
이것은 곧 크게 어렵다 하리로다
세상이 끝나 활활 타오르는 겁화劫火 속으로
마른 풀을 등에 지고 걷는다 해도
또한 어렵다 하지는 못하리나
내가 멸도한 후 이 경을 지니고
다만 한 사람 위해서라도 가르친다면
이것은 곧 크게 어렵다 하리로다
팔만사천 법장法藏과 십이부경十二部經 지니고
무수 억 중생 위해 연설한다 해도
또한 그리 어렵다 하지는 못하리며

238

현세現世 비구들을 교화하고
또 내 제자들로 하여금
오신통五神通을 성취케 한다 해도
또한 그리 어렵다 하지는 못하리나
이 경을 지니고 믿고 받들거나 거듭 설한다면
이것은 곧 크게 어렵다 하리로다
만약 어떤 사람
항하사恒河沙 같은 무량 천억의
아라한阿羅漢들을 성취케 하여
육신통六神通을 갖추게 한다 해도
내가 멸한 후 이 무상법無上法을 지니는
출중出衆한 사람이 하는 일에 비하면
또한 그리 어렵다 하지는 못하리라

이같은 부처님 말씀에서도 엿볼 수 있지만 스스로 깨쳐 묘법연화경을 수지하기란 정말로 어려운 일이다. 더구나 말법시대 중생의 근기로는 묘법연화경을 믿기도 어렵고 이해하기도 어렵다. 이렇게 법화문에 들어가기조차 어려우니 어떻게 감히 지니겠는가?

자력수행에 비추어보면 사실상 묘법연화경을 지닌다는 자체가 선종에서 말하는 견성성불보다 더 어렵다. 왜냐하면 묘법연화경을 자력으로 지니는 바탕이 중도실상지인 까닭에 견성성불에라도 도달해야 가까스로 묘법연화경에 들어올 수 있기 때문이다. 그렇기 때문에 묘법연화경을 지니는 수행 방법을 자력수행의 입장에서 얘기하면 도대체 묘법연화경을 지닐 사람이 거의 없다. 이래서는 부처님의 일대사인연을 다하지 못한다.

그런데 묘법연화경의 가르침을 후대에 전한 천태를 비롯한 몇몇 선사들은 모두 자력수행에 입각한 수행법만 제시하고 있으니 이는 묘법연화경 전체를 보지 못하는 소치라 아니할 수 없다. 만일 이러한 선사들이 가르치는 대로 묘법연화경을 자력으로 올라가야 한다면 일반인으로서는 도저히 오를 방법이 없다.

부처님의 출현 목적인 일대사인연을 그토록 어렵게 해야 한다면 차라리 화두선을 하는 편이 훨씬 나을 것이다. 아니 그보다 아예 처음부터 불법을 따를 필요도 없을 것이다.

물론 그렇다고 화두선이 쉽고 화두선을 하면 성취할 수 있다는 말은 아니다. 화두선으로 성취하기란 지극히 어렵다. 주위를 돌아보라. 화두선으로써 도대체 누가 얼마나 깨쳤다는 것이냐? 도대체 누가 성불했다는 것이냐? 이런데도 부처님 법도 아닌 조사법에 불과한 화두선만 고집하니 불법이 일반 대중과 점점 멀어진다. 그리고 이뭐꼬를 정통 수행법이라 주장하는 이유는 스스로 정통이 아님을 자인하기 때문이다. 진정 아버지의 자식이 틀림없다면 자식으로서 '내가 아버지의 맥을 이었다'는 황당한 주장을 거듭할 이유가 없을 테니 말이다.

이런 면에서 자력수행을 기초로 하는 지관법止觀法이나 선법禪法으로 법화문에 들어가려는 시도는 부처님의 근본 목적인 '모든 중생을 나와 같게 함'에 맞지 않는다. 더구나 다른 시대도 아닌 말법시대에, 부처님의 최고법인 묘법연화경의 문구 하나하나를 일일이 해석하고 이해하여 체득하는 자만 들어간다면 이는 부처님의 목적과 위배되는 것이다.

그래서 본신묘법에서는 가르치는 방향을 바꾸어 보살종지용출품과 여래수량품 등에서 석가모니 부처님의 위대함을 먼저 말하고 나서 부처님의 위신력이 이와 같으니 너희들이 알든 모르든 좌우간 묘법연화경을 지니라고만 가르치는 것이다.

그런데 작금의 실정을 돌아보면 묘법연화경을 지닌다면서 엉뚱한 방향으로 어리석은 짓을 하는 이들이 적지 않으니 안타깝다. 이 모두가 특히 자력수행의 입장에서 묘법연화경을 대하기 때문이다. 예를 들어 자신의 지식에 의거하여 대중에게 묘법연화경을 강론하지 않나 심지어 주역周易의 괘를 들먹이며 묘법연화경의 내용을 푼다는 사람까지 있으니 이런 멍청한 일들이 함부로 자행됨은 참으로 곤란하다.

또 묘법연화경을 자신의 욕을 채우려는 방편으로 이용하면 착에 빠져 사도로 직행한다. 일개인의 이익과 영달, 내 식구들을 위한 조그만 바램은 욕이다. 그러나 남을 위해 또 대승심에서 일으키는 욕은 욕이 아니라 무량심이며 부처나 보살의 마음이다. 그러니 마음을 크고 넓게 일으켜 당장 부처가 되겠다는 욕심을 일으켜라. 기실 불법을 믿는다면 성불 외에 다른 무슨 목적이 있겠는가? 부처를 구하고자 하는 마음에 잘못된 것은 없다. 더구나 부처가 개인으로서 부처는 아니니까.

그런데 이 모든 자력수행을 초월하는 것이 바로 **나무묘법연화경** 한마디를 하는 것이다.

지금까지 내내 자력으로 불법을 닦아 올라오는 무리를 대수롭지 않게 보고 있지만 실상 오탁악세에는 삼승을 닦을 만한 무리조차 없다. 그래서 부처님이 이를 아시고 '좋다. 이미 스스로는 안 될 세상이니 특별히 구할 대법을 밝히리라'고 하시며 내놓은 가르침이 바로 **나무묘법연화경**을 독송하는 대법이다.

나무묘법연화경을 독송하면 안 될 사람이 없다. 그 바탕이 번뇌심이든 자기 욕심이든 자기 복을 위해 하든 심지어 남을 해치려 시작했어도 차츰 그런 마음이 없어지고 생각이 트이게 되니 이 모두가 부처님의 위신력이다.

분신묘법과 본신묘법은 방향이 다르다

부처님의 출현 목적은 오직 일대사인연을 위함이다.

이때 인因이라 함은 각 사람마다 누구에게나 있는 절대 평등한 존재인 불성佛性을 뜻한다. 부처님이 하는 일은 오직 하나, 불성의 개현이니 이것이 연緣이다.

그런데 분신묘법에서는 인으로 연을 이루지만 본신묘법에서는 연으로써 인을 드러낸다. 즉 분신편의 방편품에서는 제법실상을 드러내고 유일불승唯一佛乘 묘법을 밝혀 성불 원리를 설하니 이는 불성性을 설한 것이다. 반면에 본신편의 여래수량품에서는 본신불의 구원실성久遠實成을 드러내고 여래상주如來常住 묘법을 밝혀 석가모니 본신불의 위신력을 설하니 이는 불력佛力을 설한 것이다. 따라서 석가모니 본신불의 불력에 힘입어 청법대중이 즉석에서 불과佛果를 얻는다.

또 분신편에서는 석가모니 분신불의 입장에서 팔만사천 법문과 일체 방편을 총섭하여 실상으로 들어가는 문을 열지만 본신편에서는 석가모니 본신불의 입장에서 본신보살들에게 말세 말법시 후오백세에 묘법연화경의 유포를 부촉하며 석가모니 본신불의 위신력을 드러낸다.

그리하여 묘법연화경을 지니면 일체 분신불들의 본체로서 석가모니 본신불을 비롯한 시방삼세 일체제불을 친견하고 공양함이며 또한 모든 보살을 보는 것이다. 그리고 이 모든 것이 여래상주如來常住를 믿는 한 생각에 죽 꿰지며 결국 **나무묘법연화경** 한마디로 귀일한다.

본신묘법 종지宗旨

여래상주如來常住 본신묘법本身妙法은 여래수량품에서 개현하지만 그 핵심은 여래신력품에 있다.

나는 이 경에서 부처님들의 일체 불법佛法과 일체 신력神力과 일체 비밀秘密과 일체 심묘深妙한 경지境地를 간명簡明히 깨닫게 하였느니라.

이 성전聖典을 항상 지니는 이들의 공덕은
한없는 허공계 같아 부사의不思議하노니
이들은 곧 나를 보는 것이요
또 이 모든 무상존無上尊들과
멸도하신 도사導師를 보는 것이며
또 이 모든 무량한 보살들과
사중四衆을 보는 것이니라
그러한 이는 지금 이 자리에서

나와 이 모든 도사들께 공양함이요
또한 멸도하신 제일가는 승자勝者와
시방의 다른 분들께도 공양함이라
아울러 이 경을 지니는 이는
시방에 계시는 미래와 과거 부처님들
모두를 뵙고 또한 공양함이니라

일체 부처님들의 모든 것을 묘법연화경에서 밝혔으니 묘법연
화경은 곧 일체 불법승佛法僧 삼보三寶와 다름없다. 그래서 묘법
연화경을 지니는 것은 곧 석가모니 본신불을 뵙는 것이요 다
보불多寶佛을 친견하는 것이며 시방삼세 모든 부처님들을 친견
함이요 또 모든 보살들을 보는 것이다.

진실법眞實法인 이 경을 지니는 이는
인중존人中尊의 묘법妙法을 통찰하리며
도량에서 얻으신 바 실상實相을 빨리 깨우치리라
속히 이해함에 막힘이 없나니
바람과 같아 어디서고 장애障礙가 없기에
이 무상경을 지니는 이는
법의 의취意趣를 아느니라
이 사람은 조금만 생각하여도
도사들께서 설하신 경들의
인연과 차례를 항상 알게 되리니
도사가 멸도한 후에도

246

경들의 참된 뜻을 여실히 깨우치리라
이 사람은 달과 해를 닮아
주위를 항상 밝게 비추나니
시방으로 세간世間을 다니면서
무량한 보살들을 일깨우리라
지혜로운 보살이라면 이러한 이익 듣고
내가 멸도한 후 반드시 이 경을 지니리니
의심할 바 없이 정각正覺에 이르리라

진실법인 묘법연화경을 항상 마음에 지니는 이는 묘법연화경화 즉 법체가 되어 묘법을 자연히 통찰하게 되니 이로써 즉신성불한다. 다시 말해서 묘법연화경을 지니면 모든 부처님들이 도량에 앉아 얻으신 묘법이요 실상을 빨리 깨우치리니 이 사람은 의심할 바 없이 당장 성불이 결정된 것이다. 이는 내생이 아닌 현생에서 그리 된다는 말씀이다.

묘법연화경은 믿음으로 들어가는 문이지 이해로 들어가는 문이 아니다. 부처님께서 묘법연화경을 두고 가장 받기 어렵고 가장 믿기 어려우며 가장 이해하기 어렵다고 하는 이유는 무엇인가?

까닭인즉 중생은 묘법연화경 자체가 부처님들의 일체 모든 것과 일체 비밀한 법장法藏을 갖춘 법신체法身體임을 알지 못하고 또 그 위신력으로 중생을 제도함을 믿지 못하기 때문이며 또한 자신의 법성法性이 구원실성久遠實成한 본체本體임을 알지 못하기 때문이다. 하지만 중생으로서 믿고 묘법연화경을 지니면 그 즉시 중생과 부처는 일치되어 조금도 다름없게 된다.

나무묘법연화경

묘법연화경 대요

묘법연화경을 머리로 이해하기는 어렵다

묘법연화경의 가르침은 중생의 머리로 이해하지 못한다. 최소한 실상지를 얻지 못한 일반인들에게 묘법연화경의 내용을 아무리 이지적으로 설명하려 애써 봐야 수박 겉핥기에 불과할 뿐이다. 이런 면에서 이 책에서 밝히는 묘법연화경에 대한 제반 내용 역시 피상적일 수밖에 없으며 어차피 언어로는 전달하지 못하는 내용을 언어를 매체로 전하기에 그 한계가 있으며 못 믿는 현대인들의 심성을 감안하여 가능한 한 논리적으로 가르침을 전달하려는 형식을 취하고 있기에 이 또한 변견邊見이 아닐 수 없다.

이런 점들은 역대의 몇몇 탁월한 선지식들의 묘법연화경 해설서에도 마찬가지로 적용된다. 특히 이지적인 해설서일수록 어떤 면에서 수행자들이 이해하기는 다소 쉬울지 모르나 말이 많아지면 오히려 본뜻에서 어긋날 위험이 매우 크다. 즉 묘법연화경을 자의로 해석하여 부처님의 근본 뜻을 왜곡한다면 이는 곧 법을 희론함에 지나지 않는다. 게다가 묘법연화경은 오직 부처님만 안다 하지 않던가? 그래서 묘법연화경을 머리로 해석하여 이해하려 하지 말고 큰 믿음으로 대하면 묘법연화경에 담긴 부처님의 위신력이 즉시 그대 앞에 현전하리라.

대중을 위하여 묘법연화경을 풀이하고 설명한 역대 선지식은 천태지자를 비롯하여 여럿이 있다. 그리고 이들은 모두 공통적으로 선종의 입장에서 묘법연화경을 이지적으로 설명하며 이런 이해의 바탕에서 묘법연화경을 닦기 위한 수행법들을 제시한다. 물론 이들이 대각大覺의 입장에서 묘법연화경을 설명한 바는 모두 옳다. 그렇지만 이들이 제시하는 수행법들은 아마도 말법시대가 아닌 당시 상황을 반영한 탓이겠지만 전부 분신편에 기초한 자력수행법으로 귀착되며 이런 식의 자력수행은 일반 수행자가 닦기에 너무 어려워 오히려 수행자로 하여금 깨달음에서 등을 돌리고 온갖 번뇌로 다시 떨어지게끔 하는 문제가 있으니 이런 자력수행법들을 아무리 닦아 봐야 즉신성불하기는 어렵다.

또한 자력수행에 기초한 역대 선지식들의 해설이 설혹 부처님의 뜻과 같다고 해도 **나무묘법연화경** 한마디는 일체 모든 선지식들의 해설을 뛰어넘어 불과果로써 독송자를 법체로 만든다.

사실 묘법연화경을 가장 편히 대하는 방법은 이것이다 저것이다 따지지 말고 그냥 지니고 독송하는 것이다. 내용이 무엇인지 알 필요도 없다. 왜냐하면 묘법연화경의 모든 내용은 우리가 생각하는 그런 현상을 기술한 것이 아니기 때문이다.

이런 면에서 한글로 제대로 번역된 묘법연화경이 필요하지만 묘법연화경의 깊은 뜻을 올바르게 헤아려 번역된 것은 별로 없으니 참으로 아쉽다.

예를 들어 견탑품見塔品을 보면 다보여래多寶如來의 전신全身이 거처하는 칠보탑의 높이가 오백 유순由旬이라는 묘사가 나오는 바 오백이라는 숫자는 색수상행식色受想行識의 오온五蘊을 의미한다. 다시 말해서 '다보여래가 오백 유순 높이의 보탑 안에 계신다' 함은 '법신法身은 오온을 떠나지 않는다'는 말이다. 그런데 이를 번역한다고 오백 유순을 현대식 단위로 고쳐 이만리二萬里로 표현한다면 이게 도대체 말이 되겠는가?

사실상 묘법연화경에 나오는 모든 숫자들은 그 어느 하나도 멋대로 만든 것이 아니며 숫자 하나하나마다 다 깊은 뜻이 숨어 있다. 특히 상황에 따라, 설법을 듣는 근기의 수준에 따라 숫자가 다르다. 각 품마다 등장하는 보살이나 부처의 이름들도 마찬가지다. 어느 이름 하나도 허투루 지은 것이 아니다. 또한 묘법연화경에서 제시하는 상황, 비유 등에도 일반인들이 쉽게 알기 힘든 이치가 내포되었으니 이런 것들을 현상적으로 보는 한 절대 묘법연화경을 이해하지 못한다. 그렇기 때문에 묘법연화경에 관한 한 그저 믿고 받아 공경하라는 말 외에 다른 말을 붙이지 못한다.

묘법연화경에 들어가는 단계는 신해행증信解行證이라 하겠으니 즉 믿고 이해하고 행하여 증득함이다. 화엄 이하 여타 불법도 마찬가지겠지만 언제나 믿음이 우선이다. 자신의 머리로 이해한 다음에 믿겠다면 이미 틀렸다.

그렇다면 법화의 문에 들어가려면 무엇을 믿어야 하는가? 답이라, 부처님의 구원실성久遠實成을 완전히 믿어야 한다. 이것도 사견私見의 프리즘이 아니라 부처의 입장에서 믿어야 곧바로 이해가 따른다.

부처님의 구원실성이란 석가모니 부처는 지금으로부터 이천오백여 년 전에 인간으로 태어나 성불한 것이 아니라 아주 까마득히 먼 그 옛날부터 이미 성불한 존재라는 것이다. 물론 석가모니 부처의 존재는 앞으로도 영원불멸이다. 하지만 이런 사실을 설명하기도 어렵고 설명해봐야 하근기들이 금방 납득하기는 더욱 어렵다. 그러기에 법화문을 두고 난신난해難信難解 즉 믿기 어렵고 이해하기 어렵다는 것이다. 이런 문제 때문에 묘법연화경을 닦는 모든 방법 중 모든 부처님들의 절대 위신력을 그대로 받는 **나무묘법연화경**을 독송하는 대법이 가장 우세하다.

묘법연화경이란 경전의 이름은 다섯 자에 불과하지만 이 이름이 일체를 포함하며 이 이름에 지고절대至高絶對의 위신력이 숨어 있음을 자각하고 정녕코 여기에 귀의한다는 생각을 내면 **나무묘법연화경**을 부르는 중생과 묘법이 일체가 되어 누구나 즉신성불한다.

그런데 이같은 믿음을 지니고 **나무묘법연화경**을 독송하는 것이 가장 좋지만 기실 이런 믿음이 전혀 없어도 상관없다. 왜냐하면 묘법연화경이란 이름에는 절대위신력絶對威信力과 절대타력絶對他力이라는 이름값이 숨어 있다. 따라서 이런 사실을 알든 모르든 덮어놓고 **나무묘법연화경**이라 한마디 하더라도 묘법연화경은 그 즉시 이름값을 한다. 더구나 묘법연화경에는 모든 부처님들의 염원이 담겨 있기에 묘법연화경을 부르면 묘법연화경에 부여된 그 엄청난 힘이 부르는 사람에게 작용하여 체를 즉시 바꿔버리는 것이다.

거듭 말하거니와 우리가 묘법연화경을 대하려면 원래 올바른 신으로 들어가야 한다. 또 올바른 신으로 들어가야 올바른 해를 얻고 올바른 해를 바탕으로 올바른 행이 나오며 올바른 행으로써 성불과를 증득하는 것이다. 그러나 만일 삼세육추에서 시작된 변견으로 믿으면 잘못 믿은 것이니 잘못된 이해가 따르며 해가 잘못되었으니 나타나는 것은 모조리 엉뚱한 행이요 증득도 엉뚱한 증득이 되고 만다. 그렇기 때문에 굳이 믿거나 이해하려 애쓰지 말고 다만 어린애 같은 마음으로 **나무묘법연화경**을 독송하는 것이 가장 낫다는 것이며 또한 이런 이유로 절대타력을 밝힌 본신묘법이 가장 수승하다는 것이다.

묘법연화경 대요大要

나무묘법연화경을 독송하며 묘법연화경을 믿고 행하는 이들을 위하여 경의 내용을 부연하겠다. 즉 묘법연화경의 전체적 구성과 각 품마다 밝힌 가르침 중 알아들 만한 내용들에 대하여 언급한다.

다만 이를 읽으며 절대로 세세한 지엽에 빠지지 말기 바란다. 원래 아주 거대한 물체는 멀리서 봐야 전모를 아는 법이다. 가까이 다가가면 뭐가 뭔지 잘 모르게 된다. 더구나 돋보기를 들이대고 현미경으로 들여다 볼 생각을 한다면 이는 이미 전체 보기를 포기함과 같다. 자세한 설명을 하려 하면 오히려 오류가 커진다. 물론 이런 것이 요즘 소위 과학자들이 늘상 하는 짓이지만 말이다.

그렇기 때문에 각 품品에 한정된 어떤 사실을 말하더라도 전체적인 흐름의 하나로서 보되 절대 그러한 세부적 사실에 매달

256

릴 필요가 없다. 매달리면 자연히 의심이 생기고 의문이 따르게 되니 이는 절대타력에 의하여 수행하는 이가 취할 바가 못 된다. 이런 점들을 고려하면 이하의 해설은 사실상 전혀 불필요하지만 그래도 몇몇 눈뜬 사람들을 위하여 첨기添記한다.

묘법연화경은 분신묘법 십품十品과 본신묘법 십칠품十七品의 총 이십칠품으로 이루어졌다. 이와 같은 구분은 석가모니 분신불의 입장에서 설한 부분과 석가모니 본신불의 입장에서 설한 부분을 기준으로 나눈 것이다.

그런데 일대사인연一大事因緣의 내용을 기준으로 즉 부처의 지혜를 중생에게 밝히는 단계를 기준으로 묘법연화경을 나누면 묘법연화경은 개시오입開示悟入의 네 단계로 이루어졌다고 하겠다. 개시오입은 본래 천태지자의 구분인데 천태지자는 구마라지바의 한역본을 기준으로 분류하였지만 이 책에서는 산스크리트 원전을 기준으로 하기에 다 같지는 않음을 밝혀 둔다.

방편품에 나오는 일대사인연의 구체적 내용은 다음과 같다.

세상에 출현하는 여래의 저 오직 하나의 일이자 저 오직 하나의 뜻이자 저 큰 일이자 저 큰 뜻이란 무엇이겠는가. 여래는 일체 중생에게 여래지견을 보이고자 세상에 출현하며 여래지견을 보도록 중생의 눈을 뜨게 하고자 여래가 세상에 출현하느니라. 사리불이여 이것이 바로 여래가 세상에 출현하는 오직 하나의 일이요 오직 하나의 뜻이요 오직 하나의 본회本懷니라. 여래의 오직 하나의 일이자 오직 하나의 뜻이자 큰 일이자 큰 뜻이란 그와 같으니라. 또한 이 일은 여래가 아니면 이루지 못하나니 왜냐하면 바로 내가 일체 중생에게 여래지견을 보이며 바로 내가 여래지견을 보도록 중생의 눈을 뜨게 하며 바로 내가 여래지혜如來智慧의 교의敎義를 견고히 세우며 바로 내가 여래지혜의 교의를 정도正道로 인도引導하는 까닭이니라

여래지견이란 '여래의 지혜로써 보는 바'를 뜻하며 간단히 불지견 또는 불지혜라 한다.

부처님은 중생의 눈을 열어開 여래지견을 보이고자示 세상에 출현하시며 여래지혜를 가르칠 견고한 바탕을 세워 중생으로 하여금 깨닫게悟 하고 또 이 가르침을 정도로 인도하여 중생으로 하여금 여래지견에 들게入 하고자 세상에 출현하신다.

개開는 중생의 눈을 여는 단계로서 서품序品 방편품方便品 비유품譬喩品 근기품根機品 초목품草木品 수기품授記品 본생품本生品 수오백비구기품授五百比丘記品 수아난라후라여이천비구기품授阿難羅睺羅與二千比丘記品 법사품法師品이 여기에 해당한다. 여기까지가 분신편分身篇 즉 유일불승 분신묘법을 설한 부분이다.

시示는 여래지견을 보이는 단계로서 견탑품見塔品을 말한다. 견

258

탑품은 본신편本身篇의 시작으로 여기서 비로소 본신불의 존재가 드러난다.

오悟는 불지혜를 깨닫게 하는 단계로서 정진품精進品 안락행품安樂行品 보살종지용출품菩薩從地涌出品 여래수량품如來壽量品 공덕품功德品 희수공덕품喜受功德品 법사공덕품法師功德品 상불경품常不輕品 여래신력품如來神力品이 여기에 해당한다. 본신편의 중심 부분으로 여래상주 본신묘법을 개현한다.

입入은 중생으로 하여금 불지혜에 들어오도록 하는 단계로서 다라니품陀羅尼品 약왕본사품藥王本事品 묘음품妙音品 관세음보문품觀世音普門品 본사품本事品 보현권발품普賢勸發品 종품終品이 여기에 해당한다. 특히 여기서는 이미 절대타력으로 즉신성불한 존재들이 마땅히 따라야 할 행을 밝힌다.

결국 개시오입이란 부처가 출현하는 유일한 목적인 일대사인연의 내용이며 일대사인연을 이루기 위하여 중생의 눈을 연 다음 부처의 지혜를 보여 깨닫게 하고 들어가게 한 것이 묘법연화경 그 자체다.

불지혜를 보도록 중생의 눈을 여는 단계에서는 부처님께서 그간 설했던 삼승三乘의 방편 가르침을 모아 일불승一佛乘으로 돌아가게 하며 성불수기成佛授記라는 방편을 동원하여 사리불을 상수로 하는 아라한들을 깨우쳐 성불의 길로 이끈다. 즉 방편지

259

의 힘을 전부 모아 그 힘으로 문을 여니 기실 방편을 나무라 거나 탓할 이유는 없다.

이치로는 누구나 부처다. 법성法性 측면에서 보면 부처나 중생이나 하나도 다를 바 없다. 그렇지만 중생은 이증성불理證成佛을 개현하지 못하고 온갖 고초를 받는다.

그런데 누구나 불성을 가졌지만 불성을 개현하는 불종자가 없는 존재들이 바로 아라한들이다. 아라한들은 부처님이 삼승을 열어 일승의 길로 인도하고자 한 진정한 의도를 모르고 삼승법을 듣자마자 뒤도 안 돌아보고 매달려 이러한 소승법으로 해탈하고 거기에 안주하는 무리다. 그런데 이들의 해탈은 임시방편으로 만들어낸 해탈일 뿐 참된 부처의 해탈은 아니다. 어쨌든 그리하여 소승 무리는 아라한과를 얻기는 했으나 이들은 공에 빠져 부처의 씨앗조차 태워 버린지라 자력으로 성불하지 못한다. 이런 이유로 유마경維摩經 불도품佛道品을 보면 가섭迦葉이 '우리가 아라한으로서 성인聖人 대접을 받지만 나는 극악무도한 오역죄五逆罪를 저지른 저 중생이 부럽다. 저놈은 앞으로 성불할 기회가 있지만 나는 그 기회마저 잘라버렸구나' 하며 한탄하는 것이다.

방편품부터 시작하여 부처님께서는 아라한들을 여러 각도로 가르치지만 기실 아라한들 중 지혜제일이라는 사리불은 몹시도 아둔한 존재다. 그러니 나머지 아라한들이나 그 이하 존재들은 더 말할 것도 없다.

서품을 보면 부처님께서 미간백호상眉間白毫相에서 광명을 현시하여 동방으로 무수한 불국토들의 실상實相을 보이는데 이 자체가 중도실상中道實相 경계를 보이는 것이다. 그러나 사리불은 중도실상을 아직 알지 못하는 존재라서 부처님이 미간백호상에서 광명을 비추는 순간 즉시 중도실상이 뭔지 알아차려야 함에도 여전히 이를 알아차리지 못하고 그저 헤맨다. 그리하여 할 수 없이 부처님이 제법실상지諸法實相智를 설법하나 이 역시 사리불은 머리로만 이해한다. 간신히 머리로만 알고 긴가민가하며 기다리다 부처님의 성불수기를 받고 나서야 비로소 완전히 이해하고 기뻐하는데 이와 같은 아둔한 점 때문에 사리불이 받는 성불수기를 보면 한량없는 겁 동안 보살행을 해야 하는 등 여러 가지 조건이 많은 것이다.

다른 중생은 누구나 다 이미 불종자를 가지고 있는데 소승법을 닦다가 부처의 씨앗조차 태워버린 사리불은 부처님으로부터 여래상주 묘법을 듣고 나서야 다시 부처의 씨앗이 잉태되는 것이다. 그렇기 때문에 수기를 받고 나서도 한량없는 세월을 기다려야 부처 씨앗이 영글게 되는 것이니 그래서 사리불이 완전한 성불하기까지 그렇게 오랜 세월이 필요하다.

그런데 성불수기成佛授記도 방편임을 알아야 한다. 여래상주 본신묘법을 개현한 여래수량품 이후에는 수기라는 말이 전혀 나

261

오지 않는다. 성불수기는 오로지 분신편에만 나온다. 왜냐하면 여래의 비밀신통지력秘密神通之力을 이미 아는 사람에게는 수기가 따로 필요 없기 때문이다. 다시 말해서 이미 즉신성불했기에 수기가 필요 없는 것이다.

만일 어떻게든 부처를 만나 나도 성불수기를 받아야겠다는 생각에 머문 사람은 아직도 긴가민가하며 여래의 비밀신통지력이 뭔지 모르는 사람들이다. 여래의 비밀신통지력을 알면 성불수기 따위는 전혀 필요 없다. 여래의 비밀신통지력을 굳게 믿는 사람이라면 중생 구제를 실천하기 위하여 오히려 다른 사람들에게 성불수기를 주어야 하리라.

각설하고 중생의 눈을 여는 단계에서는 소위 삼주설三周說을 하여 보살승을 제외한 나머지 이승二乘 즉 아라한과 벽지불 무리를 교화하려고 여러 각도에서 이야기한다.

삼주설이란 법설주法說周 비설주譬說周 인연설주因緣說周를 뜻하는데 법설주란 방편품에서 일불승을 직설해 사리불을 깨우치게 하는 가르침이고 비설주란 삼계화택三界火宅의 비유로 수보리 가전연 가섭 목건련들을 깨우치게 하는 부분으로 비유품 근기품 초목품 수기품이 여기에 속한다. 그리고 인연설주란 대통지승불로 인한 과거세 인연을 설하며 부루나를 비롯한 천이백 아라한들과 그 이하 대중을 깨우치는 가르침으로 본생품 수오백비구기품 수아난라후라여이천비구기품이 여기에 속한다. 이러한 삼주설과 같은 친절한 설법은 분신편에만 나온다. 본신편에서는 그냥 직접적으로 위신력을 전할 뿐이다.

이렇게 하여 묘법연화경에 들어오는 길을 닦아 놓고 **여래지견을 보이는 단계인 견탑품**으로 이어진다.

견탑품에서는 묘법연화경을 설하는 곳이 있으면 어디라도 나타나 찬탄하리라고 서원을 세운 전무후무한 존재인 다보불多寶佛이 등장한다. 즉 석가모니 부처님이 묘법연화경을 설하자 다보불탑이 그를 증명키 위하여 나타나 찬탄하는 것이다.

이때 법회의 대중이 다보불의 몸을 보고자 하니 석가모니불은 시방 세계의 모든 분신불分身佛들을 모아들인다. 시방十方이란 동방 남방 서방 북방의 사방四方과 동남방 서남방 서북방 동북방의 네 간방間方과 상방上方과 하방下方을 의미하는데 각 방향마다 오십 백천만억 항하사 수의 분신불들이 모여든다. 이같이 하나의 경전 설법을 위하여 일체 분신불들을 나타내는 자체도 전무후무한 일이다. 이리하여 석가모니불은 다보불과 함께 대중에게 묘법연화경을 지니고 믿을 것을 권유하고 유인하며 강제하다시피 다짐 받는다.

그런데 이 대목에서 우리가 반드시 알아 두어야 할 사실은 부처님은 석가모니 본신불과 석가모니 분신불들 이외에는 단 한 분도 없다는 점이다. 다시 말해서 시방의 모든 부처님들이 모였다고 했는데 시방은 모든 곳이니 결국 오지 않은 부처는 하나도 없는 것이다. 즉 모든 세계를 통틀어 석가모니 분신불들 외에 다른 부처는 하나도 없다! 그렇기 때문에 다보불도 석가모니 분신불의 하나다. 잊지 말라. 석가모니 부처님의 분신불이 아닌 부처는 아무도 없다!

견탑품에서 우리가 명심해야 할 또 한 가지 사실은 모든 것은 자기 몸을 떠나지 않는다는 것이다.

앞서도 잠깐 언급했지만 다보불탑의 높이가 오백 유순이요 둘레는 그에 상응相應한다고 함은 중생이 번뇌하고 행동하는 모든 일상 생활을 뜻한다. 따라서 법신은 오온을 떠나지 않는다!

또 간단히 말해서 보탑은 우리의 육신이다. 그렇기 때문에 오래 전의 다보불이 보탑 안에 그대로 단정히 앉아 있었다 함은 법체는 육신을 떠나지 않는다는 말이다. 결국 모든 것은 내 안에서 찾아야 한다.

그리고 석가모니불이 미간백호상에서 광명을 놓으니 시방 세계의 모든 부처님들이 보살과 중생을 위해 설법함을 보게 된다는 말은 모든 소리를 부처님의 설법으로 듣고 모든 행을 부처님의 가르침으로 보라는 얘기다.

이와 같이 일체 모든 것은 결코 자기 몸을 떠나지 않는다. 밖에서 찾지 말라.

여래지견을 깨닫는 단계에서는 묘법연화경을 지니고 믿으라는 말씀을 간절히 설하고 있다. 자신의 식견이나 지식 따위의 일체 견해를 떠나 묘법연화경을 대하라는 것이다. 그리하여 회중의 사부대중을 깨침에 들게 하니 이로써 부처님께서 의도한 바 모든 것을 이루어 마친다.

특히 보살종지용출품 여래수량품 공덕품 여래신력품에서 석가모니불은 본신불의 입장에서 자신이 어떠한 존재인지 밝힌다.

그런데 여래수량품에서 비로소 석가모니 본신불이 구원실성久遠實成한 존재임을 드러내지만 부처님만 구원실성한 줄로 알면 그 역시 잘못 아는 것이다.

나도 그렇다! 나 역시 구원실성한 존재다! 누구나 구원실성한 존재기에 기실 부처는 없다!

그러나 착각하지는 말라. 이런 말을 듣는 위치와 말하는 위치는 다르다. 실상 측면에서 말하는 것을 중생심으로 받아들이면 참으로 곤란하다.

그리고 미륵 보살마하살은 상주불멸인 여래의 비밀신통지력을 알지 못하고 석가모니 본신불의 가르침을 의심하는데 다음에 부처가 될 미륵조차 이를 알지 못하니 묘법연화경의 경지가 얼마나 높은 것인지 미루어 짐작하리라.

이렇게 하여 석가모니 본신불이 여래수량품에서 지금까지 감추던 진실을 밝히자 대부분 다 깨쳐 올라오지만 그래도 미덥지 못하여 여래지혜로 들게 하는 단계가 필요한 것이니 약왕본사품 묘음품 관세음보문품 등으로 이어 나간다.

보살종지용출품을 보면 타방에서 온 팔 항하사 수의 보살들이 앞으로 사바세계에서 묘법연화경을 널리 설하겠노라고 부처님께 간청하지만 부처님을 이를 거절하고 본신보살本身菩薩들을 부르니 곧 본신보살들이 사바세계의 땅을 가르고 솟아 오른다.

이때 타방의 팔 항하사 수의 보살들이란 외계外界에서 팔식八識에 영향을 주어 나에게 가르침을 주는 존재들이다. 즉 타방의 팔 항하사 수 보살들은 내가 외물外物로서 무언가를 보고 듣고 느낄 때마다 어떤 가르침을 주는 존재들이다. 하늘에 떠다니는 구름, 책, 꽃 등을 보며 무언가 알게 된다면 이같이 알게 하는 존재들이 팔 항하사 수의 보살들이다. 그러나 이들로서는 묘법연화경을 감당하지 못한다.

본신보살들은 사바세계 아래 허공 중에 있다가 땅을 찢고 올라온다. 그런데 사바세계의 땅을 찢었다 함은 무엇을 찢는 것인가? 이는 식識과 번뇌煩惱를 찢은 것이다. 즉 우리의 모든 의식을 타파하고 올라오는 것이다.

그리고 본신보살들은 원래 사바세계 아래 허공 중에 머무르고 있었다. 만일 사바세계에 머문다면 이는 땅에 머무는 것이며 땅은 인人이 거처하는 곳이니 인人에 의지하여 머뭄이 된다. 또 위에 머문다면 이는 하늘에 머문 것이며 천天에 의지하여 머뭄이 된다. 그러나 본신보살들은 사바세계 아래 머무르고 있었으니 이는 인과 천에 의지하지 않고 살아가는 가장 본래 속성을 말함이다.

사람은 이를테면 균체菌體라 할 수 있으니 사람 몸은 가히 헤아리지 못할 정도의 수많은 세균들로 꽉 차 있다. 이렇게 사람을 형성하는 낱낱의 균들은 사람이 잉태된 순간 그 이전부터 존재한다. 따라서 내가 육식六識으로 어떤 사실을 받아들여도 우리가 늘상 생각하듯 나라는 개체가 받아들인 것이 아니라 낱낱의 균들이 습기習機대로 받아들여 총체적으로 나의 사고를 형성하는 것이다.

그런데 사람에게는 타고난 근기에 따라 식으로써 어떤 사실을 받아들이고 '아하 그렇구나!' 하며 수긍하기도 하지만 이 정도로 만족하지 못하는 본래의 성정이 있다. 그래서 그냥 세상을 살아가지 못하고 애써 수행의 길로 들어서는 이들이 나타나며 얼핏 눈에 보이는 소득도 없는 짓을 하면서도 스스로 만족하는데 이것이 바로 본신보살들의 작용이다. 이와 같이 본신보살들의 작용은 우리의 식으로 알지 못한다.

이 책을 읽는 사람들도 마찬가지다. 몽중여시아문 총서에서 밝히는 온갖 내용들은 소위 과학적 사고와 정반대의 길을 가고 있다. 얼핏 보면 전혀 말도 안 되는 소리만 하고 있다. 그런데도 드물기는 하지만 이 책을 굳이 읽고 공감하는 사람이 존재하는 이유는 바로 그 사람 내부에 존재하는 본신보살들의 작용이다.

각설하고 본신보살들은 분신편에서는 보이지도 않다가 부처님 말씀을 듣고 종지용출從地湧出하여 튀어나오지만 공덕품 희수공덕품 등에서는 다시금 본신보살이 전혀 거론되지 않는다. 이는 본신보살들이 여기에는 전혀 관심이 없음을 나타낸다.

그러다 여래신력품에 이르자 그간 쪼그려 앉아 침묵하고 팔짱 끼고 수수방관하던 본신보살들이 비로소 팔을 풀고 당당히 일어서 '우리가 사바세계를 제도하겠노라'고 한다. 그러자 석가모니 본신불께서 기꺼이 허락하신다. 곧 모든 부처님들께서 혀를 내어 범천세계까지 이르는 신력을 내보이는 바 본신보살들은 여래들의 한량없는 신통력을 보고 비로소 자신들의 대서원을 이룰 큰 힘을 얻게 된다.

그러나 새로 수기를 받았거나 타방 국토에서 온 보살들은 감히 그런 소리를 못한다. 분수를 모르고 하겠다고 하면 그저 부처님께 구박 받고 쫓겨나며 스스로 아무리 생각해도 사바세계에서 홍포할 능력이 없기에 그저 '우리는 딴 세계 갈래요'로 일관하니 이것이 타방 보살들의 서원이다.

그런데 부처님의 혀가 위로 범천까지 이른다는 말은 부처님의 설법이 모든 세계에 이르러 그 세계들을 변화시키며 궁극적으로 일체 중생을 다 성불케 한다는 뜻이다.

그런데 여래신력품을 듣고 나서도 그래도 못 믿고 여전히 가지 않으려는 중생 때문에 묘법연화경이 끝나질 않고 다라니품 등으로 뒤에 또 이어진다.

여래지혜에 드는 단계에서는 적극적인 행을 이야기하고 있으니 먼저 깨닫게 하고 이제 들어가게 하는 것이다.

일례로 보현권발품을 보면 삼칠일 동안 경행하며 묘법연화경을 외우라는 것 따위가 법화문에 확고히 들어가게 하려는 가르침이자 들어가는 문을 밝힌 가르침이다.

다라니품 약왕본사품 묘음품 관세음보문품 등으로 약간씩 수준을 높이며 계속 이어지는 이유는 여래의 비밀신통지력을 이미 설했기에 부처님께서 그로써 만족한다면서도 그래도 못 미더운 까닭이다.

이와 같이 묘법연화경은 총 이십칠품으로 이루어지며 한 마리의 거대한 코끼리를 그리고 있지만 이 품들 중 어느 하나라도 빠지거나 글자 하나라도 없어지면 코끼리가 훼손된다. 그러니 묘법연화경을 신해信解하는 이라면 마땅히 처음부터 끝까지 전체를 소중히 대해야 하리라.

중생의 눈을 연다

그동안 베풀었던 삼승의 방편법을 폐하고 유일불승의 실법을 가르친다.

서품에서는 묘법연화경을 드러내는 인연을 설한다.

최상승 경전임에도 성문을 앞 자리에 앉힘은 방편을 통해 진리를 보이고 이승 즉 성문 연각을 인도하여 성불수기를 내리려 함이다. 먼저 대승경인 무량의경을 설해 지난 사십여 년간 가르친 삼승을 제하고 또 미간백호상에서 한 줄기 빛을 발하여 실상을 보이지만 아둔한 사리불을 비롯한 법회에 모인 사부대중은 아직 이를 알지 못한다.

미간백호상이라 함은 심안心眼을 말하는데 이는 두 눈으로 대표되는 분별심을 여읜 눈으로서 양변에 치우치지 않은 중도실상을 보이는 것이다. 이러한 부처님의 말 없는 가르침을 사리불이 알지 못하는 이유는 사리불이 아직 실상지를 얻지 못한 존재이기에 그러하다.

불심이란 중도실상에 입각한 마음이며 이런 면에서 중생의 번뇌심은 마음이 아니다. 따라서 중생도 생각과 마음에서 분별이 끊어져야 부처의 지혜에 계합할 수 있다.

방편품에서는 지금까지 사십여 년간 설한 삼승이 방편이었음을 알려 주고 지혜인은 방편을 딛고 불승佛乘으로 올라오라고 간곡히 권한다.

그러나 성문들은 언어와 문자에 집착하여 나름대로 성취한 무리인지라 언어를 벗어난 진리를 증득치 못했고 방편 가르침을 근본 진리로 여길 뿐이었기에 자신의 마음이 곧 부처임을 믿지 못한다. 이에 부처님은 여러 각도에서 내가 비록 삼승을 말했지만 본뜻은 근본 진리를 나타내려는 까닭이었다고 가르치며 특히 일불승 대도로 들어가는 실상지를 언급해서 사리불이 깨치나 나머지 모든 성문들을 깨치게 하기에는 아직 완전치 않아 비유품으로 이어진다.

비유품을 보면 부처님이 방편을 타파하고 근본 진리를 제시하려는데 이승二乘의 무리가 자신의 성불을 한사코 믿지 않는다. 오직 사리불만 믿기에 사리불에게 즉시 성불수기를 준다. 사리불이 부처님의 설법을 듣고 '사악한 마魔가 부처로 가장假裝하여

272

내 마음을 두렵게 하는 것은 아닌가'고 의심했음을 부처님께 고백하지만 이 말은 자신이 그렇다는 것이 아니고 옆에 있는 다른 무리가 그렇다는 것이다. 이와 같이 근기가 중간 이하로 서 하열한 자들은 여전히 방편 가르침에서 벗어나지 못하므로 부처님은 삼계화택에 비유하여 방편과 근본 진리를 말하니 중 근기가 겨우 알아들었다.

그런데 사리불이 비록 수기를 받았지만 오랜 겁을 두고 더 닦 은 후에 성불하는 이유는 한사코 소승에 안주하여 성불의 종 자까지 날린 탓이다. 부처님이 사십여 년간 성실히 가르쳤지만 자기가 부처인 줄 알지 못하고 자신이 얻은 작은 과보에 만족 해서 안주했기 때문이다. 이 결과 사리불은 부처님 뜻에 어긋 나게 되었고 죽은 씨앗이 되었지만 성불수기를 받음으로써 새 로이 불종자를 심었기에 비로소 자신이 불생불멸한다는 마음 으로 닦아 나가 장차 성불할 자리에 오르게 된 것이다.

삼계화택三界火宅의 비유를 보면 썩고 낡은 집에 오백 명이 사는 데 그 가운데 아들이 다섯 혹은 열 혹은 스무 명이라 하고 있 다. 오백 명이란 오취五趣 중생이요 아들이라 함은 곧 말귀를 알아들을 수 있는 사람이니 간단히 말해 중생 가운데 부처님 교화를 받을 만한 자는 고작 한 줌도 안 되는 것이다.

또 불타는 집에 나오는 사악한 짐승이나 귀신 이야기 등은 바 로 우리의 몸과 가정과 사회를 비유한 것이다.

비유품을 보면 근기가 되지 않는 자에게는 전하지 말라고 한다. 그런데 비유품은 본래 중근기를 위한 품이다. 따라서 이 중근기도 안 되는 사람에게는 묘법연화경을 전할 필요가 없다.

특히 비유품에서는 묘법연화경을 훼방한 과보가 엄청나게 크다는 점을 강조하고 있다. 묘법연화경에 눈만 한 번 흘겨도 그 죄보가 말할 수 없이 크다. 죄가 큰 이유는 실상지에 반했기 때문이다. 그러니 절대 묘법연화경을 헐뜯어 비방하면 안 된다. 엄청난 대가를 치른다.

그런데 '묘법연화경 외에 다른 경전은 거들떠보지도 아니한다'는 말은 묘법연화경을 제외한 다른 경들을 배척하라는 것이 아니다. 왜냐하면 묘법연화경은 방편경을 포함한 일체 경전을 포함하기 때문이다.

근기품에서는 중근기 중생이 부처의 비유설을 통해 믿음과 이해를 얻은 바를 밝힌다. 즉 수보리 가전연 가섭 목건련 등 사대제자가 부처님의 설법을 듣고 또한 사리불이 성불수기를 받은 것을 보고 자신들이 지금껏 수행하고 얻은 과보가 방편이었음을 믿으며 자신들의 어리석었던 과거를 뉘우친다. 그래서 마음이 맑아지자 자기 자신을 믿게 되고 지난날의 미혹을 알게 되었다. 그래서 그간 안주했던 공을 버리고 작은 과보로 만족했던 과거에서 벗어난다.

근기품에서 비유설로 이용한 아버지인 장자와 그의 아들인 궁자의 이야기는 함축된 가르침이 많아 몇 번이고 거듭 읽어볼 만하다.

아버지가 아들을 잃은지 오십 년이 되도록 아들을 찾을 수 없었다 함은 아들이 깨달음에서 등을 돌리고 번뇌에 합했기 때문이다.

그런데 깨달음은 혼자만의 일이 아니다. 자신만의 성취를 위하여 깨닫겠다면 그것은 이미 깨달음이 아니다. 이런 식의 수행이 바로 깨달음에 등을 돌리는 행위다.

또 일체 중생을 구제할 뜻이 없다면 그는 보살이 아니다. 또 보살로서 중생 구제에 뜻이 없다면 그는 이미 마에 떨어진 것이다. 자신만의 세계에 안주하면 더 올라가지 못한다.

이와 같이 적극적인 행이 결여된 깨침은 깨침이 아니며 이 역시 깨달음에서 등을 돌린 것이다.

그래서 여래수량품에도 나오지만 부처님은 '갖가지 법문을 설하되 잠시도 쉰 적이 없었다'고 말하는 것이다.

그런데 장자는 아들과 헤어진 오십여 년 동안 누구에게도 아들의 일을 말하지 않았다. 마찬가지로 세존께서는 중생이 이미 불성을 갖추었음을 알고 있지만 이를 입밖에 내지 않았다.

그리고 장자가 아들을 유인하여 똥 치는 일을 시키며 생활에 필요한 그릇 등 일용품을 준다 함은 삼십칠조도품을 가르치는 것이다.

또한 아들에게 '나는 네 아버지와 같다'고 말하는 대목이 있는 바 이 대목이 함축하는 의미는 자못 크다. 소승법을 따르는 불자들이 머리 속으로 지어낸 석가모니불을 소위 삼장과두불三藏果頭佛이라 부른다. 삼장과두불은 물론 진불眞佛이 아니다. 그래서 나는 네가 생각하는 아버지와 같다고 말하는 것이다.

진짜 석가모니불은 소승 불자들의 이러한 한심한 오류를 잘 알지만 방편경에서는 짐짓 너희들이 생각하는 바가 다 맞다고 무조건 긍정한다. 이렇게라도 하지 않으면 그나마 불법에 가까이 오지 않기 때문이다.

초목품에서는 삼승의 과보가 실재한다고 굳게 믿었던 습기를 떨구지 못하고 여전히 여래의 지혜에 모자람이 있는 중근기들에게 여래 설법은 평등하고 한결같음을 보여 준다.

구름에서 내리는 비는 온갖 초목에 아무런 차별 없이 내리지만 각 초목은 그들의 근기에 맞게 받아들인다. 진리는 본래 다르지 않건만 차이가 나는 것은 근기의 수용에 달렸다.

갖가지 그릇이 있어도 그릇을 빚은 진흙은 하나다. 여래 또한 중생의 성품 따라 갖가지 승을 설하나 근본은 오직 불승 하나다. 이어 맹인을 치료하여 눈을 뜨게 하는 과정에 비유하여 일체지를 모르면 진실한 열반 또한 없음을 강조한다.

본래 삼승과 일승의 나눔은 없다. 존재하는 것은 오직 일승뿐이다. 가섭 등은 근기품까지 부처님의 설법을 듣고 비록 지난날의 가르침이 방편임을 알았어도 본래 삼승과 일승의 나눔이 없음을 아직 몰랐다. 즉 여래는 오늘 새삼스레 대승을 말하는 것이 아니고 지난날 가르친 바가 모두 대승법임을 일깨웠지만 가섭은 단지 오늘에 이르러 비로소 대승을 말하는 줄로 알 뿐이다. 그러나 가섭도 초목품을 들은 후에 이 사실을 바로 알게 된다.

수기품에서는 사대제자에게 성불수기를 내리는 바 이들이 본래 삼승이 있었던 것이 아니고 오직 일승밖에 없다는 평등하고 한결같은 진리를 이해하여 비로소 부처 지혜가 열리고 또 성불의 참된 계기가 갖추어졌으므로 이들에게 성불수기를 내리는 것이다.

수기품까지 모두 다섯 명의 성문 제자가 성불수기를 받았다. 그러나 나머지 하근기 제자들은 여전히 용렬한 습기가 제거되지 않아 부처님께서는 저들과 부처님 간 숙세 인연을 밝힌다.

본생품을 보면 세존께서 이 하열한 근기들도 마저 구제하고자 과거세 대통지승불이 십육 왕자를 교화한 인연을 말한다. 그래서 하근기들에게도 오랜 옛적 일승의 씨앗이 뿌려졌고 이후 세세생생 교화를 받았는데 이제 그 인연이 성숙되었음을 세존께서 설하자 이들은 즉시 그간 매달렸던 집착과 의심을 타파하고 일승으로 향하는 마음을 일으켜 옛날의 습기를 제거하게 된다. 이 품에 등장하는 화성化城 즉 신기루와 같은 가짜 성은 반야를 비유한 것이니 반야에 머무르면 그도 별 볼일 없다.

수오백비구기품을 보면 본생품에서 설한 전세의 인연과 또 부처님이 방편으로 중생을 인도하였지만 그 근본 목적은 반드시 일승으로 인도하기 위함이라는 말씀을 들은 천이백 아라한들이 바로 부처님의 마음을 믿게 된다. 또한 이로써 자기가 성불할 수 있음을 알게 되어 모두 마음이 청정해지고 또 이러한 깨달음이 수기로 이어지니 뛸듯이 기뻐한다. 특히 이들 중 오백 아라한들은 미래세에 동일한 명호의 부처님이 된다.

특히 부루나富樓那는 신통력을 구족한 보살이지만 중생 교화를 위하여 스스로 성문 행세를 하고 또 사람들은 그의 겉만 보고 성문이라 하지만 실은 중생을 불도로 교화하여 무상정등정각으로 향하게 한다. 부루나는 이러한 공덕으로 나중에 사바세계에서 성불한다. 소승 무리는 사바세계를 몹시 겁내고 싫어하지만 부루나는 미래세에 이 사바세계에서 성불하여 광대한 불국토를 소유한다.

오백 아라한들은 부처님의 설법으로 크게 깨쳐 그간 자신들이 범한 오류를 옷깃에 매인 보배 구슬을 모르고 있었음에 비유한다. 즉 일체의 안락을 주는 무가지보無價之寶 구슬이 몸 안에 있는 것을 모르고 의식주를 장만하느라 고생이 막심하여 겨우 아라한과를 얻은 것에 만족하며 근근히 살아가던 자신들의 처지를 반성한다.

이렇듯 하근기의 낮은 이해라 해도 불지혜를 보도록 눈을 뜨게 하면 좁은 소견이 없어지고 분별이 끊어지니 따로 구할 것 없이 단숨에 불지혜에 이른다.

수아난라후라여이천비구기품에서는 아난과 라후라를 위시하여 유학有學과 무학無學의 무리에게도 성불수기를 내린다.

그런데 유학의 무리에 속하는 아난이 수기 받음을 보고 새로 보살승에 든 이들이 아난처럼 수준 낮은 존재가 어째서 우리보다 먼저 성불수기를 받는가 하며 의심하기에 세존은 아난과 지난날 인연을 밝힌다. 원래 아난과 석가모니 세존은 공왕불空王佛 처소에서 동시에 발심하였는데 아난은 부처님 말씀을 많이 듣기를 좋아했고 석가모니불은 중생 구제를 위하여 이타행을 하며 끊임없이 수행하고 정진하였다는 것이다. 특히 아난의 본래 서원이 보살들을 교화하여 성취토록 함인지라 아난이 성불하는 국토에는 성문 연각이 없으며 또 아난은 무궁한 수명을 누리며 순전히 보살만 교화한다. 아난 다음으로 라후라가 수기를 받고 유학 무학의 이천 명이 또 수기를 받는다.

법사품에서는 부처님이 묘법연화경의 한 게송 한 구절이라도 듣고 한생각으로 기꺼이 받는 이에게는 모두 성불수기를 주어 장차 무상정등정각을 얻게 하겠노라고 공언한다.

일승의 진리란 바로 중생이 본래 갖고 있는 불성을 말한다. 부처님이 미묘한 진리를 방편으로 다양하게 말씀하심은 중생 자신이 갖고 있는 불성을 촉발키 위한 것이다. 이와 같이 중생의 불성이 법사에 의해 발현되면 이것이 다시금 중요한 인연으로 작용하는 것이니 이는 바로 타력을 입는 것이다.

이런 이유로 천룡팔부라 할지라도 묘법연화경의 한 게송 한 구절을 듣고 기뻐하는 자에게는 모두 수기를 내려 무상정등정각을 얻게 하는 것이다. 법화회상에 참석한 천룡팔부라면 당연히 삼승법과 인연이 있으며 따라서 이들은 대통지승불과도 인연이 있는 존재들이다. 그리고 지나간 과거세 이 무리는 부처님이 출현할 때마다 곁에서 정법을 지켰기에 정법을 들은 인연이 오래되었음이라. 그래서 천룡팔부를 비롯한 온갖 중생에게도 묘법연화경만 대하면 무조건 수기를 내리는 것이니 부처님 지혜에는 차별이 없다.

여래 멸도 후 말법시대라도 정법은 여전히 세상에 남아 있고 영원불멸 상주하는 법신은 조금도 변함이 없으므로 묘법연화경의 한 구절 한 게송을 듣고 기뻐하거나 다만 한 생각으로 환희하기만 해도 이는 성불의 참된 씨앗을 심는 것이다.

그렇기 때문에 부처님은 이 경전을 받드는 인연이 수승한 까닭을 이야기한다. 즉 경전의 한 구절이라도 지닌다면 법사의 공덕을 갖추거늘 하물며 경전 전체를 지님이랴. 이 사람은 자신이 이룬 정토를 마다하고 중생을 위하는 까닭에 자신이 원해서 험한 세상에 나옴이니 이 사람은 곧 여래의 밀사密使다.

또 부처님께서 이르시되 어느 곳이든 이 경전이 있는 곳이면 다 불묘를 장엄히 세우되 사리를 봉안할 필요가 없다고 한다. 이는 묘법연화경에 이미 여래의 전신全身이 모셔진 때문이니 경전이 있는 곳에 마땅히 법신의 의지처인 탑을 건립하라는 것이다.

이같이 묘법연화경을 위한 탑은 법신이 의지하고 머무는 까닭에 이 탑에 응당 공양을 올려야 한다. 또 탑을 보고 예배하고 공경하면 이는 바로 법신을 친견함이니 이 사람은 더더욱 보리菩提에 가깝게 되리라.

또 다시 약왕보살에게 이르되, 재가든 출가든 보살도를 행하면서 묘법연화경을 보거나 듣거나 쓰거나 공양하지 못하면 이 사람은 보살도를 잘 행하지 못함이라 하는 이유는 보리심을 잃은 채 선근을 닦으려 한다면 그는 마구니이기 때문이다.

여래지견을 보인다

견탑품에서는 여래의 상주법신을 현시하여 법신 경계가 부처님의 지혜임을 알게 한다. 즉 오래 전 멸도한 다보여래多寶如來를 불러 지금 대중의 눈앞에 여래의 법신을 나타내니 이로써 대중은 법신상주法身常住의 이치를 깨닫는다.

다시 말해 중생의 분별심으로는 부처님 설법의 오묘한 이치를 깨닫지 못하며 머리를 아무리 굴려도 눈앞에 펼쳐진 실상이 보이지 않는다. 비록 부처님 말씀을 믿고 스스로 성불을 확신하고 수기를 얻게 되더라도 여전히 생멸의 소견과 분별에 대한 집착이 남아 있는 고로 실상의 참된 경계는 얻지 못한다.

그래서 부처님은 다보불탑을 땅에서 솟게 하여 과거에 멸도한 다보여래의 몸 전체를 나타내게 하였다. 이로써 중생이 생멸하는 소견을 씻어내며 또 시방에서 모여온 분신불들을 수용하고자 사바세계를 세 번 변하게 하여 중생의 머리에서 정토淨土와

예토穢土의 구분을 떨쳐내게 하였다.

그런데 다보불탑의 높이가 오백 유순由旬이고 둘레가 그에 상응하며 탑 안에 계시는 다보불의 전신이 흩어지지 않았다는 말의 의미는 심오하다.

앞서 언급했지만 오백 유순은 색수상행식의 오온을 뜻하는 바 간단히 말해서 법계의 온갖 미혹을 뜻한다. 따라서 법계의 미혹이 바탕이 되고 오온으로 생멸하는 몸과 마음이 바로 상주 법신의 거처다. 이렇게 일체 모든 것이 몸을 떠나지 않지만 사람들은 여전히 진귀한 보물이 낡은 옷에 덮였고 여의주가 쓰레기 더미에 묻혔음을 모른다. 다시 말해서 여래가 오온과 번뇌의 탑인 다보탑 안에 거처한다는 말은 오온과 번뇌 속에 법이 있음을 의미하는 것이다. 따라서 만약 오온과 번뇌를 떠나 법을 구하려 한다면 바로 외도다. 그러니 오온과 번뇌를 떠나려 하지 말라. 사리불이 불종자를 상실한 이유가 바로 여기에 있다.

석가모니 부처님이 미간백호에서 한 줄기 빛을 놓으니 시방으로 각각 오십 백천만억 항하사 수의 무량한 세계들에 있는 부처님들을 보게 되며 그 부처님들이 중생을 위해 설법함을 본다고 하였다. 이는 모든 중생이 부처님의 참된 영토에 살고 있음을 의미하며 실상지의 광명에 의해 부처님들이 중생에게 설법함을 보인 것은 중생의 망상과 번뇌가 곧 부처님이 항상 연

설하는 법음法音임을 뜻한다.

이같이 부처님 몸은 법계에 충만해서 일체 중생 곁에 두루 나타나며 인연 따라 감응하지 않음이 없지만 한 순간도 보리菩提의 자리를 떠난 일이 없다.

그리고 지금 설법하는 시방 세계의 모든 부처님들은 모두 석가모니의 분신불들이니 곧 석가모니가 다보여래고 다보여래가 석가모니며 일체 분신불들이 석가모니인 것이다.

이를 엿볼 수 있는 대목이 더 있으니 석가모니불이 다보불탑을 열자 다보여래가 석가모니불에게 자리 즉 법공좌法空坐를 반으로 나누어 같이 앉게 한다. 이는 둘이 하나라는 뜻이다.

또한 다보불탑 안에는 다보여래의 법신이 있는데 석가모니는 지금까지 분신불의 입장에서 묘법연화경을 설하다가 다보여래의 자리에 앉아 다보여래와 하나가 되니 이는 석가모니 분신불이 다보여래로 인하여 바로 법신을 증득함을 의미한다. 이로써 영원불멸토록 상주하는 법신체가 된 석가모니 본신불을 본 대중은 생사도 없고 삼승의 가르침도 따로 없음을 알게 된다.

견탑품의 후반부에서는 석가모니 부처님도 오랜 겁 동안 수행하여 깨달음을 얻었음을 밝힌다. 특히 제바달다提婆達多로 인하여 중생을 제도할 평등력平等力 등을 성취하였음을 밝히고 제바달다에게 성불수기를 내린다.

제바달다는 원래 부처님의 사촌 동생으로 태어나 갖가지 방법으로 부처님을 해하려 하였으나 실패하였다. 그 과보로 제바달다는 지옥에서 생활하지만 묘법연화경을 지녔던 공덕으로 지옥을 상적광토로 수용하고 있다. 그러나 그는 부처님의 인내력과 정진력을 굳게 다지게 함으로써 마침내 석가모니가 성불하는데 큰 공이 있다.

부연하자면 제바달다는 천열天熱이라는 의미를 갖는다. 천열이란 하늘天이 즉 머리가 열熱나는 것이니 쉽게 말해 다급해 못사는 사람이다. 믿음이 없고 자기 생각과 같지 않으면 덮어놓고 화내는 사람이다. 이런 제바달다에게도 성불수기를 내림은 포용하는 부처행을 보이는 것이다. 또한 제바달다는 석가모니에게 고통을 주어 석가모니를 강하게 한 공덕도 있기 때문이다. 그래서 제바달다는 지옥에 있으면서도 지옥고가 없으니 지옥을 상적광토로 수용한다는 것이다.

견탑품의 마지막에 나오는 용녀龍女의 이야기는 흥미롭다. 용은 원래 바다에서 사는 삼독三毒이 유별난 짐승이며 또한 여자는 원래 음란하고 삿되며 혼탁하고 질투심과 복수심이 많은 중생인지라 용녀는 일반 불법으로 보아 도저히 닦을 그릇이 아니건만 묘법연화경으로 인하여 즉신성불한다.

여래지혜를 깨닫게 한다

정진품에서는 회상에 모인 보살들을 비롯하여 유학 무학들이 모두 후세에 묘법연화경을 지니고 읽겠노라고 부처님 앞에서 발원한다. 특히 견탑품에서는 부처님이 말세에 경전을 지닐 불자를 구했지만 정진품에 이르러 약왕 보살마하살은 인내로써 경전을 지니겠다고 발원한다.

그런데 오백 제자 등은 부처님의 뜻을 받들지만 사바세계 이외의 다른 세계로 가서 홍포하기를 원한다. 그 이유는 사바세계는 원래 험악하고 교만한 무리가 살며 사바세계 중생은 지식을 즐겨 과시하기에 교화가 어렵기 때문이다. 또 다른 이유로는 아직 중생 교화의 일이 익숙지 않고 법력이 미흡하여 훼방을 이길 줄 모르기에 그렇기도 하다.

또 보살들이 일제히 발원한 바 여래 멸도 후 시방 세계를 돌아다니며 인욕으로 이 경전을 수지하겠노라고 하였다. 그렇지만 단신으로는 힘이 부족하니 여래께서 위신력으로 지켜 달라고 하며 이렇게 해서 보살들은 불종자를 끊지 않을 것임을 사뢰어 여래를 안심케 한다.

안락행품에서 문수사리 보살마하살이 말세 말법시에 경전을 홍포하는 방법을 청하니 부처님은 정신正身 정어正語 정의正意 대비심大悲心의 네 가지를 설한다. 즉 몸과 말과 생각을 바르게 하고 크게 자비를 베풂이니 이는 곧 자리이타自利利他의 행을 의미한다.

보살종지용출품에서는 법화회상에 모인 타방에서 온 보살들이 경전 홍포를 발원하지만 석가모니 부처님은 이를 허락지 않는다. 허락하지 않는 이유는 이들이 사바세계 밖에서 왔기 때문이니 즉 식識으로써 경전을 대하면 성취하지 못한다.

사바세계의 땅을 가르고 솟아난 본신보살들은 중생의 식識을 타파하고 비로소 나타난 존재들로서 본원으로 가고자 하는 속성이다. 그런데 타방他方의 팔 항하사 수 보살들은 본신보살들이 누군지 그 이름조차 모르기에 대중은 본신보살들의 존재에 대하여 의심한다. 이와 같이 식으로는 본원을 알지 못한다.

여래수량품은 본신묘법의 핵심이니 여기서 비로소 구원실성久遠實成한 석가모니 본신불의 입장에서 여래의 비밀신통지력秘密神通之力을 개현한다. 여래의 수량壽量은 영원하며 법신法身은 하나로서 상주常住하니 이를 간단히 여래상주如來常住라 하며 이것이 곧 여래의 비밀신통지력이다.

세존께서 직접 여래의 수량을 설하시면서 근본과 자취의 현묘함을 나타내어 여래가 세상에 출현한 근본뜻을 밝히니 이로써 소승의 생멸하는 변견이 타파되고 상주법신은 인연 따라 널리 응해 은밀함과 드러남이 걸림없고 여래의 지혜는 심원해서 중생을 이끄는 바가 나타난다.

이러한 부처의 지혜로 들어가는 문은 믿기도 이해하기도 어려우니 들어가는 사람을 찾기 어렵다. 그래서 만일 수행자가 법신상주法身常住를 꿰뚫지 못한다면 참된 깨달음이 없는 것이다.

여래수량품에서는 부처님이 세상에 출현하시는 본뜻을 밝히면서 법신 전체를 명확히 제시하고 대중으로 하여금 상주법신을 깨닫게 해서 성불의 인을 이루는 것이다.

'여래는 여실히 삼계를 본다'는 말씀이나 '나는 일체를 있는 그대로 보느니라'고 함은 이른바 제법실상諸法實相을 말함이니 여래는 삼계三界가 생사生死 출몰出沒 생멸生滅 허실虛實 등이 끊어진 모습임을 밝게 꿰뚫었다. 그리하여 모든 것이 일상일미一相一味라 하는 바 즉 일체 모든 것이 형상을 떠나 궁극적으로 적멸상寂滅相인 까닭이다.

그러나 중생의 근기와 생각이 같지 않고 욕심과 분별이 있는지라 근기 따라 가르침을 베풀게 되었으나 중생이 그 지혜문을 이해하기도 어렵고 들어가기도 어렵기 때문에 세존께서 방편문을 시설施設하게 된 것이다.

그런데 상근기 중생은 부처가 주는 이렇게 좋은 약을 곧 받아먹고 병이 낫지만 중하근기들은 약을 먹지 않는다. 이는 이승의 무리가 비록 부처님의 가르침을 받았지만 습기習機의 장애가 깊고 두터우며 그 독기가 매우 깊기에 보리菩提로 나아감을 주저하는 것이다.

그렇지만 약을 먹고 낫지 않을까 걱정할 필요가 없다. 물이 맑으면 달이 나타나듯 중생이 게으르면 숨고 감응이 있으면 부처님이 나타나는 것이니 숨고 나타나는 차이는 중생에게 있지 부처님에게 있지 않다.

공덕품에서는 여래수량如來壽量을 믿어 받는 중생이 얻는 이익을 설한다.

굳게 믿고 지혜가 날카로운 상근기는 여래의 수명이 영원함을 들으면 반드시 믿어 받는다. 그러나 중하근기는 이렇지 못하다. 그래서 여래의 불생불멸하는 과보에 계합하고 언어와 문자를 벗어나고 생멸과 분별이 끊어진 이치에 계합해야 이 경전을 지닐 수 있다.

그러나 여래수량의 뜻을 머리로만 알아도 부처의 지혜가 발현되는데 하물며 다른 사람에게 가르침이야. 공덕이 무량해져 저절로 일체종지를 얻게 된다.

여기서는 또 법공양이 가장 수승함을 강조하고 있다. 그래서 마땅히 경전을 지니는 법사를 찬탄해야 하리니 법사는 부처와 다름이 없기 때문이다.

희수공덕품에서는 묘법연화경을 기꺼이 받는 이가 얻는 복덕을 밝히고 있으니 전해 듣고 전해 들어 오십 번째 전해 들은 사람이라도 최초로 청법聽法한 사람이 얻는 공덕의 수승함을 그대로 지닌다. 이는 묘법연화경 속에 내재된 불성이 타력으로 이어지기 때문이다.

만일 세속에서 말을 전하는 식이라면 아마도 두 번째 사람에게 전해지기도 전에 말이 달라질 것이다. 그리고 이렇게 전하는 것은 전하는 것도 아니다.

여기서 전한다 함은 여래상주 묘법에 입각한 상태의 법성法性으로써 법성을 그대로 전하는 것이니 오십 번째로 전해 들은 사람도 처음 전한 사람과 동일한 법성을 가진 존재다.

어떤 사람이 사백천 아승지 세계들의 모든 육취六趣 사생四生 중생을 아라한이 되게끔 했더라도 이는 묘법연화경의 한 게송

한 구절을 오십 번째 전해 듣고 기뻐한 사람의 복보다 아주 못한 것이니 아라한 벽지불은 방편과方便果지 불과佛果가 아니기 때문이다.

법사공덕품에서는 경전을 지니고 읽고 가르치고 쓰고 또 쓰게 하는 법사가 받는 공덕을 설하는 바 법사는 육근六根이 청정케 되는 복을 받는다. 전법하는 법사의 공덕이 그렇게 수승한 이유는 그 법사가 바로 부처이기 때문이다.

상불경품에서는 석가모니 부처님 스스로 과거세에 묘법연화경을 지닌 경험을 상불경 보살마하살의 행으로 말씀하시며 중생 교화 도중에 많은 모욕을 당했어도 게으르지 않았기에 오늘에 이르러 성불하게 되었음을 밝힌다. 이렇게 설하며 이승의 무리에게 여래의 경우를 본받아 보살마하살이라면 반드시 경전을 지니고 설할 것을 당부한다.

법사공덕품에서는 묘법연화경을 지닌 공덕으로 법사의 육근이 청정하게 됨을 밝혔지만 이러한 것은 법사 자신만 이로울 뿐 다른 이를 이롭게 하지 못한다. 이에 비하여 상불경 보살마하살은 인욕으로 자리이타自利利他를 행하니 나와 남이 모두 이로우며 이것으로써 경전 수지의 오묘함을 다하는 것이다.

또 상불경보살이 '나는 그대들을 업신여기지 않노라'고 하며 교만한 사부중의 무리를 교화하니 이는 죄를 복덕으로 전위轉位

시키는 적극적인 행이다.

방편품에서는 부처님이 유일불승 묘법을 설하기 전에 오천의 교만한 무리가 부처님께 예배하고 물러났으며 부처님도 이를 만류하지 않았던 바 이는 방편으로써 이승二乘 무리에게 경각심을 내게 하기 위함이다. 그러나 상불경은 다르다. 본신불의 입장에서 그들이 알든 모르든 욕을 하든 말든 전혀 상관하지 않는다.

여래신력품에서는 모든 대중의 믿음과 이해가 깊어져 부처의 지혜를 깨닫게 됨을 보고 부처님이 신통력을 현시하여 믿음을 더욱 굳게 한다. 묘법연화경을 설함은 여래가 지닌 바 모든 불법, 일체 자재한 신통력, 은밀한 가르침, 가장 깊은 일 등을 알리기 위함이다. 오래도록 이 가르침을 감추다가 비로소 설하는 것이니 이 경전은 가르치기 쉽지 않고 또 믿고 이해하기 어렵기 때문이다.

보살종지용출품에서 땅에서 솟아난 본신보살들은 여래까지 침묵을 지키고 있었다. 이들은 본래 허공 가운데 각처를 떠돌며 불도를 닦고 고요한 곳에 머물며 선정만 즐겼으니 본신보살들에게는 원래 세속을 구제하려는 마음이 없었다. 그러나 여래신력품에 이르러 부처님께 경전의 홍포를 청한다. 그러자 부처님은 본신보살들에게 경전을 부촉하며 이 경전에 여래의 전신이 담겨 있으니 경전이 있는 곳마다 탑을 세우라고 당부한다.

여래지혜에 들게 한다

지금까지 중생에게 여래지견을 보도록 눈을 뜨게 하고 불지혜를 깨우치게 하였던 바 이제 깨우친 대중을 이끌고 여래지혜에 들어가 어떻게 행을 해야 하는가를 설한다.

다라니품에서는 마음에 묘법연화경을 지니는 수행자들의 일관된 정진을 방해하는 습기習機 장식藏識 따위를 공략하기 위하여 다라니와 같은 부처님의 신력을 빌리는 내용을 밝힌다. 이러한 습기와 장식은 너무 깊이 밑바닥에 숨어 있기에 다라니의 힘을 빌리는 것도 한 방법이다.

약왕본사품에서는 과거세에 약왕 보살마하살이 어떻게 수행했는지 밝혀 묘법연화경을 지니는 공덕을 드러낸다.

비록 이승二乘의 무리가 부처님 지혜를 이해하기는 하였으나 여전히 습기가 남아있고 깨끗지 못해 중생 구제를 꺼리므로 약왕 보살마하살이 과거세에 일체중생희견一切衆生喜見 보살마하살로서 아집我執과 법집法執을 타파한 행적을 말씀하시어 묘법연화경을 지니는 공덕이 참으로 수승함을 설한다.

일체중생희견이 '내가 비록 이렇게 신력으로 여래요 세존께 공양하였으나 내 몸을 버려 공양함만 못하리라'며 향유를 마시고 신통력의 원으로써 스스로 몸을 태우는 것은 육식六識 육근六根을 청정케 하는 행이니 이는 다시 말해 아집과 법집을 타파함이다. 법집이란 공이니 실상이니 하며 머리로 이해하여 집착함을 뜻한다.

그런데 일체중생희견은 이도 모자라 다시 화생化生한 후 백복상으로 장엄한 한 팔을 또 태우니 이는 자신도 의식하지 못하는 저 밑바닥의 가장 오래된 법집마저 타파하는 것이다.

이같이 약왕 보살마하살의 과거행을 설한 후 묘법연화경을 지니는 공덕을 여러 가지로 밝힌다.

만일 어떤 사람이 칠보로 삼계를 가득 채워 부처님께 공양할지라도 이 사람이 얻는 바 공덕은 이 묘법연화경의 게송 하나라도 지니는 복덕만 못하다 하니 이 말을 풀이하면 유위의 복덕은 법신의 공덕에 견주지 못하며 따라서 묘법연화경을 지니는 공덕이 가장 뛰어나다는 의미다.

또한 여러 비유를 들어 묘법연화경이 모든 경들 중 가장 으뜸가며 존귀함을 강조하니 묘법연화경은 부처님의 일대시교一大時教 가운데 최상승 진리인 까닭이다. 따라서 이 경전을 듣고 지니고 베끼고 공양하면 이 사람의 공덕이 한량없고 가없음을 밝혔다.

그런데 이 품에 나오는 바 '만약 여인이 이 품을 듣고 능히 받아 지니면 현생現生이 여인의 몸을 받는 최후생最後生이리라'는 말 때문에 약왕본사품이 묘법연화경에서 나온 줄도 모르고 덮어놓고 약왕본사품만 외우고 받드는 비구니들이 제법 있지만 부처님의 본뜻은 여자든 남자든 성불시키는데 있지 기껏 여자를 남자로 만들려는 것이 목적이 아니다. 이 말은 '여자도 그리하거늘 하물며 남자랴'는 뜻이다.

묘음품에서는 중생 부류에 따라 그들의 근기에 맞게끔 갖가지 몸을 나타내어 중생을 교화하고 설법하는 묘음 보살마하살의 행을 밝힌다.

묘음 보살마하살의 행은 약왕보다 한 수 위다. 약왕 보살마하살은 현일체색신삼매現一切色身三昧에 들 때만 약왕으로서 존재하지만 삼매에서 나오면 사라진다. 그러나 묘음은 등각보살等覺菩薩로서 삼매에 들지 않아도 자유자재로 현신한다.

그런데 특히 다보여래가 묘음 보살마하살을 부른 것은 등각等覺

의 지위에서 묘각妙覺으로 들어갈 때는 반드시 법신과 접함이 있어야 하기 때문이다. 분신불 정도로는 위신력이 부족하기 때문에 불과를 얻게 하지 못한다.

묘음 보살마하살은 팔만사천 보살과 함께 사바세계로 오는 바 이는 팔만사천 번뇌를 버리지 않고 성취했음을 말한다.

관세음보문품에서 강조하는 것은 관세음 보살마하살을 번뇌심에서 그리고 고통 당할 때 부르라는 것이다. 머리로 이해하거나 선정에 들어 관세음을 부르면 관세음의 감응은 없다.

부처님이 관세음 보살마하살을 찬탄하자 무진의無盡意 보살마하살이 관세음에게 진주 영락을 드려 공양하고자 하나 관세음은 즐겨 받지 않는다. 관세음 보살마하살이 진주 영락을 받지 않음은 법계의 성품에 본래 주고 받음이 없기 때문이다. 다시 무진의가 '중생을 애민하여 받으소서' 하니 그제서야 진주 영락을 받는다. 또 관세음 보살마하살이 보시 받은 진주 영락을 두 몫으로 나누어 다보불과 석가모니불의 두 부처님께 올림은 모든 것을 부처님께 회향함을 뜻한다.

본사품에서는 법력法力을 빌어 불성을 밝히니 타력他力으로 성취함을 보인다. 특히 식識과 번뇌를 통해 부처 지혜에 드는 점을 강조한다.

묘장엄왕의 두 아들이 허공에 올라 신통 변화를 나투는 바 이는 법성法性이 공空임을 증득하고 무명無明이 타파됨을 나타내는 것이다. 아버지가 믿게 되니 후궁 팔만사천 여인들이 모두 묘법연화경을 받게 되었다는 말은 팔만사천 번뇌로써 일불승으로 나아가게 되었다는 의미다.

보현권발품에서는 묘법연화경이 여래의 일체 모든 것임을 강조한다. 따라서 묘법연화경을 지니는 것은 곧 여래의 모든 것을 가진 것이니 지법자持法者가 얻는 공덕과 이익은 필설로 다하지 못한다. 또 그러한 법사요 지법자는 본인이 애써 노력하지 않아도 부처님의 위신력에 의하여 바라는 바를 얻는다. 그리고 묘법연화경을 지니는 이는 이미 부처지에 들어가 보리菩提를 증득한 것이다.

누구라도 경전을 지니는 이의 허물을 끄집어내면 그것이 사실이든 아니든 즉시 엄청난 죄보를 받으니 이는 법신을 훼손한 까닭이다.

종품을 보면 여래가 지금까지 가르침을 베푼 결과 여래가 세상에 출현한 본뜻이 충족되었기에 본신보살들에게 가업家業을 맡긴다.

만약 중생이 여래의 지혜를 받지 않으면 그들의 근기에 맞는 방편을 가르치고 이익을 주어야 하며 점차 불지혜로 이끌도록

297

하라고 당부한다. 그리하여 여래의 모든 것이 담긴 이 경전을
널리 전하기만 하면 그것이 곧 여래의 은혜를 갚는 길이다.

마치며

몽중여시아문 총서는 사람들을 법화로 이끌어 이 몸 그대로 이 자리에서 즉시 성불케 하려는 목적 하나로 집필하였다. 지금까지 내내 강조하였지만 묘법연화경은 그 자체가 부처님이기에 묘법연화경을 지니고 **나무묘법연화경**을 독송하면 누구나 중생의 몸 그대로 바로 성불한다. 묘법연화경을 믿고 받으면 더 이상 중생이 아니라 부처인 까닭에 여래가 즉시 부처 자리를 내준다.

묘법연화경은 부처가 되려고 수행하는 문이 아니다. 묘법연화경을 받는 사람은 누구나 이미 부처로서 행을 하는 것이다.

그렇기 때문에 불퇴전의 믿음으로 걸림없고 막힘없이 **나무묘법연화경**을 독송하며 나아감은 이미 이루어진 부처로서 부르는 것이요 이미 깨달음 위에서 외우는 것이니 두 번 다시 중생으로 부처 되기를 구하지도 않으며 더 이상 미혹으로 깨달음을 얻고자 하지도 않는다. 그러니 이런 이들에게 시비선악을 따지거나 불법이 뭐니 하는 구구한 말을 붙이는 것은 그 자체가 이미 대낮에 잠꼬대하는 격이다.

묘법연화경은 우리의 얄량한 알음알이로 이해하지 못한다. 오직 큰 믿음으로 대하면 자연히 알게 된다. 그 믿음을 바탕으로 자나 깨나 앉으나 서나 번뇌심이든 선정이든 좋은 일이든 궂은 일이든 그저 **나무묘법연화경**을 정근精勤하는 것이 가장 훌륭한 자세이리라.

설사 믿음이 바탕이 되지 않더라도 다만 **나무묘법연화경** 한마디를 하면 묘법연화경의 위신력으로써 **나무묘법연화경**을 부르는 중생체를 부처화하니 이보다 더 쉽게 성불하는 방법이 어디 있겠는가?

이로써 어느 날 밤 잠시지간의 꿈에서 어떤 도사道士에게 들은 모든 이야기를 낱낱이 남김없이 다 밝혔다. 바라거니와 묘법妙法을 받을만한 인연자가 만에 하나라도 존재한다면 그로써 깊이 만족하리라.

삼가 부처님께 발원發願하나니 이 책을 읽는 모든 이들을 즉신성불케 하시고 이 사람들과 인연 있는 모든 사람들을 위시하여 이 사람이 살면서 보고 듣고 냄새 맡고 말하고 접촉하고 생각하는 일체 유무정물有無情物들을 모두 즉신성불케 하소서.

나무묘법연화경

夢中如是我聞 **3**
해와 달이 빛나면 어둠은 없다

2016년 12월 18일 1판 1쇄 인쇄
2016년 12월 21일 1판 1쇄 발행

지은이·우인(愚仁)
펴낸이·성담(性潭)
펴낸곳·도서출판 유마북
등록·제2010-09호
주소·경기도 광주시 오포읍 새말길 133-16
전화·070-8808-1888
팩스·031-703-1686
E-mail·yuma2008@daum.net

ISBN 979-11-85049-18-2(04220)
979-11-85049-20-5(세트)

국립중앙도서관 출판예정도서목록(CIP)

夢中如是我聞. 3, 해와 달이 빛나면 어둠은 없다 / 지은이:
우인. ― 광주 : 유마북, 2016
    p. ;   cm

ISBN 979-11-85049-18-2 04220 : ₩17000
ISBN 979-11-85049-20-5 (세트) 04220

묘법 연화경[妙法蓮華經]
법문(불경)[法文]

223.54-KDC6
294.382-DDC23   CIP2016030638